Fundamentos do direito constitucional

Lígia Leindecker Futterleib

Fundamentos do direito constitucional

Rua Clara Vendramin, 58 . Mossunguê
CEP 81200-170 . Curitiba . PR . Brasil
Fone: (41) 2106-4170
www.intersaberes.com
editora@editoraintersaberes.com.br

EDITORA
intersaberes

CONSELHO EDITORIAL
Dr. Ivo José Both (presidente)
Drª Elena Godoy
Dr. Nelson Luís Dias
Dr. Neri dos Santos
Dr. Ulf Gregor Baranow

EDITORA-CHEFE
Lindsay Azambuja

SUPERVISORA EDITORIAL
Ariadne Nunes Wenger

ANALISTA EDITORIAL
Ariel Martins

PROJETO GRÁFICO
Raphael Bernadelli

CAPA
Lado B (Marco Mazzarotto)

FOTOGRAFIA DA CAPA
Raphael Bernadelli

ILUSTRAÇÃO
Marcelo Lopes

1ª edição, 2013.

Foi feito o depósito legal.

Informamos que é de inteira responsabilidade da autora a emissão de conceitos.

Nenhuma parte desta publicação poderá ser reproduzida por qualquer meio ou forma sem a prévia autorização da Editora InterSaberes.

A violação dos direitos autorais é crime estabelecido na Lei nº 9.610/1998 e punido pelo art. 184 do Código Penal.

Dados Internacionais de Catalogação na Publicação (CIP)
(Câmara Brasileira do Livro, SP, Brasil)

Futterleib, Lígia Leindecker
Fundamentos do direito constitucional/Lígia Leindecker Futterleib. – Curitiba: InterSaberes, 2013.

Bibliografia.
ISBN 978-85-8212-572-4

1. Direito constitucional I. Título.

12-10036   CDU-342

Índices para catálogo sistemático:
1. Direito constitucional 342

Sumário

Apresentação, IX

(1) O poder e a Constituição: considerações preliminares, 13

    1.1   Classificação da Constituição Federal de 1988, 25

(2) A Constituição como um sistema aberto de regras e princípios, 31

(3) Funções e tipologia dos princípios constitucionais, 49

    3.1   Funções dos princípios constitucionais, 52

    3.2   Tipologia dos princípios constitucionais, 58

(4) Os princípios fundamentais
na Constituição de 1988, 67

(5) Dignidade da pessoa humana como princípio-valor
guia da ordem constitucional, 91

(6) Direitos fundamentais: terminologias,
raízes históricas e dimensões (gerações), 109
    6.1 Terminologias, 112
    6.2 Raízes históricas, 116
    6.3 Dimensões dos direitos fundamentais, 120

(7) Direitos fundamentais de primeira dimensão:
liberdades públicas em espécie, 129
    7.1 Direito à vida e à integridade física, 1342
    7.2 Direito de locomoção (ir, vir e ficar), 135
    7.3 Direito de refúgio (inviolabilidade de domicílio), 136
    7.4 Direito à liberdade de consciência, 137
    7.5 Direito à liberdade de crença religiosa e de culto, 138
    7.6 Direito à vida privada, à intimidade, à honra e à imagem, 140
    7.7 Liberdade de reunião, 142
    7.8 Liberdade de associação, 143
    7.9 Liberdade de expressão do pensamento, 145
    7.10 Liberdade de expressão intelectual, 146
    7.11 Liberdade de acesso à informação, 147
    7.12 Liberdade de trabalho, ofício ou profissão, 149
    7.13 Direito à propriedade e à herança, 150

(8) Direitos fundamentais de segunda
dimensão: direitos sociais, 157

(9) Direitos fundamentais de terceira e quarta dimensão:
direitos de solidariedade e globalização dos direitos
fundamentais, 181
    9.1 Direito ao meio ambiente sadio e equilibrado, 184

9.2 Direito ao desenvolvimento, 188

9.3 Direito à paz, 190

9.4 Direito à autodeterminação dos povos, 192

9.5 Direitos de quarta dimensão: novíssimas tendências, 192

Considerações finais, 201

Referências, 207

Gabarito, 211

Apresentação

Estas ideias são preambulares ao estudo da vasta e complexa área do direito que se dedica à constituição, por isso mesmo nosso estudo denomina-se *fundamentos*. No objetivo de não perder isso de vista, procuraremos, sob as luzes das atuais correntes do direito constitucional e do pensamento pós--positivista, dar a esta obra dois focos especiais, propositalmente eleitos pela magnitude que ambos têm no direito constitucional: os princípios constitucionais e os chamados *direitos fundamentais*.

Longe de pretender esgotar tais temas, estas páginas propõem uma espécie de "releitura contextualizada" da Lei Maior do país no que se refere aos princípios e aos direitos fundamentais. Trata-se de apresentar a você alguns fundamentos essenciais à compreensão do direito constitucional e da Carta Magna de todos os brasileiros.

No entanto, mesmo sendo uma obra básica, este livro é pretensioso. É pretensioso, sim. Mas não por causa das ideias com as quais a autora apresenta aos estudantes temas palpitantes do direito constitucional. Aliás, quanto a isso, por favor, estimados leitores, que fique muito esclarecido desde aqui que a professora que assina esta obra tem inteira noção da singeleza de suas contribuições e que não pretende mais do que oferecer alguma base teórica com a esforçada exposição de ideias que preenche estas páginas.

Todavia, peço licença para desvendar-lhes intenções mais íntimas e altruístas que não têm a ver com a produção intelectual de um livro, mas são base à aludida pretensão que tenho. Para tanto, primeiramente, gostaria de lhes dizer que ACREDITO NA FORÇA DA CONSTITUIÇÃO. Não nas suas folhas de papel ou mesmo tão somente no quanto de normatividade tem a Lei Maior, pelo simples fato de ser a lei hierarquicamente superior na ordem jurídica. Acredito mais é no que todos nós podemos fazer para concretizar a Constituição que temos, tornando eficazes as normas constitucionais; que todos os brasileiros deveriam conhecer sua Constituição, participar e exigir que ela se torne sempre e cada vez mais um importante vetor de mudança social e política.

Ao longo dos anos, venho tentando, mais do que apenas acreditar, envidar todos os esforços e fazer o que estiver ao meu alcance para contribuir tanto quanto possível para que nossa Constituição seja conhecida e cumprida por todos nós, brasileiros.

Aqui, você encontrará elementos primeiros para compreender a Constituição como regulação jurídica do poder e, igualmente, para perceber o mundo jurídico como um sistema aberto de regras e princípios, verificando as principais características dessas duas espécies de normas (regras e princípios). Pretendemos, ainda, dar importante destaque aos princípios constitucionais para, logo a seguir, adentrar no especialíssimo tema dos direitos fundamentais.

Dedique-se, então, ao estudo para conhecer a Lei Fundamental do nosso país, pois esta é a pretensão primordial deste livro: difundir a ideia de Constituição e proclamar que todos a conheçam e que exijam seu cumprimento naquilo que ela tem de melhor: uma vocação incontestável à esperança de realizar o país melhor e mais justo que almejamos.

E não que tenhamos uma Constituição perfeita e que não lhe caibam críticas. Nada disso. Apenas porque, a meu ver, precisamos investir em um verdadeiro "sentimento de Constituição", com uma tal força que nos permita vicejar como nação quaisquer que sejam as nuanças políticas da hora.

(1)

O poder e a Constituição:
considerações preliminares

Lígia Leindecker Futterleib possui graduação em Ciências Jurídicas e Sociais (1990) pela Pontifícia Universidade Católica do Rio Grande do Sul (PUCRS), aperfeiçoamento em Curso de Preparação à Magistratura (1991) pela Associação dos Juízes do Rio Grande do Sul (Ajuris) e mestrado em Direito (2001) pela PUCRS.

Este capítulo introdutório tem o propósito de apresentar as intrínsecas relações que a Constituição tem com o poder do Estado, uma vez que o poder é uma das expressões mais significativas do próprio Estado.

A seguir, cuidaremos de definir Constituição e direito constitucional com o propósito de apresentar a Lei Máxima na pirâmide da organização jurídica e delinear o campo jurídico que a estuda.

Por fim, neste capítulo, classificaremos a Constituição Federal de 1988 para entendê-la na sua estruturação básica.

Retrato de Jean-Jacques Rousseau

Retrato Falado

Jean-Jacques Rousseau (1712-1778), filósofo suíço e autor da célebre obra *O contrato social*, dizia que "o mais forte não é jamais bastante forte para ser sempre senhor, se não transforma sua força em direito e a obediência em dever".

Como veremos, o poder tem íntima relação com o direito constitucional.

Por questões óbvias, esse assunto nos envolve a todos e, como campo de estudo, muito especialmente, reclama a atenção daqueles que atuam diretamente com as questões sociais. Essa é a razão que impulsiona que comecemos esta obra com algumas considerações a esse respeito.

Ao longo do tempo, dada a simpática e precisa simplicidade com que construiu sua definição, Max Weber (1971) tornou-se quase uma referência obrigatória para quem se ocupa de estudar esse tema. Para ele, o poder, genericamente considerado, pode ser definido como "toda a probabilidade de impor a própria vontade numa relação social, mesmo contra resistências, seja qual for o fundamento dessa probabilidade" (Weber, 1971).

Em outras palavras, PODER é a possibilidade de uma pessoa impor sua vontade sobre o comportamento de outra(s). Assim, sempre que alguém manda e outra pessoa obedece, temos uma relação em que há exercício de poder. Vale dizer que quem o exerce, via de regra, tem a capacidade de fazer com que a sua própria vontade seja realizada por outrem.

Quando pensamos detidamente sobre esse assunto, algumas indagações parecem sempre presentes, pois, afinal, não há como contestar que algumas pessoas impõem (sim!) a sua vontade:

> *Como essa vontade é imposta? Como, afinal, é alcançada a aquiescência alheia? Será a ameaça de castigo físico, a promessa de recompensa, o exercício da persuasão ou outra força ainda mais profunda que leva as pessoas a abandonarem suas próprias preferências e aceitarem as de outros?*

Se transportarmos tais questionamentos ao universo da organização jurídica que chamamos *Estado*, a pergunta poderia ser diferente: AFINAL, MEDIANTE QUAL ORGANIZAÇÃO ALGUNS TÊM O DIREITO DE GOVERNAR, DE DITAR NORMAS, SEJA EM ASSUNTOS IMPORTANTES, SEJA EM ASSUNTOS COTIDIANOS, ENQUANTO OUTROS SÃO GOVERNADOS?

Você já percebeu que alguns usos do poder dependem de sua ocultação, ou seja, de que não se evidenciem, que o poder possa passar despercebido aos que a ele capitulam?

Outros usos, porém, de forma diametralmente oposta, necessitam ser absolutamente transparentes, precisam estar o mais vivos quanto possível na consciência dos que a ele (poder) se subordinam.

Retrato de Galbraith durante a década de 1940

Retrato Falado

John Kenneth Galbraith foi professor e diplomata, nasceu no Canadá e naturalizou-se americano. Escreveu sobre economia com uma linguagem acessível ao público em geral. Autor da trilogia: *A sociedade afluente*, *O novo estado industrial* e *A economia e o objetivo público*.

Segundo um ilustre professor de Harvard, John Kenneth Galbraith (1994), falecido em 30 de abril de 2006, o poder cumpre há anos uma regra tríade, sendo três as formas para seu manejo e exercício, a saber: a punição, a compensação e a persuasão.

- **PODER DECORRENTE DA PUNIÇÃO (CONDIGNO)** – Impõe às preferências do indivíduo uma alternativa suficientemente dolorosa ou demasiadamente desagradável. Nesses termos, é inarredável que o escravo preferisse submeter-se ao árduo trabalho que lhe era imposto ante a alternativa do açoite.
- **PODER COMPENSATÓRIO** – Obtém a submissão por meio da oferta positiva de uma recompensa, oferecendo ao indivíduo, ou ao grupo, algo de valor em troca da subserviência (remuneração do trabalho).
- **PODER CONDICIONADO** – É exercido mediante a mudança de uma convicção ou de uma crença. Trata-se de adesão voluntária, alcançada pela persuasão, pela educação ou pelo compromisso social com o que parece natural, apropriado ou correto.

É interessante notar que, nas duas primeiras espécies de exercício de poder, ambos os lados têm ampla consciência sobre ele. Em ambas, tanto quem submete quanto quem se submete (é submetido) têm consciência do fato. No último caso, no entanto, via de regra, a submissão não é reconhecida por aquele que se subordina.

Ainda falando da relação que o poder tem com o Estado, vale lembrar a conhecida expressão *"Der Staat ist Macht"* ("O Estado é força"), cunhada por Heinrich Gotthard von Treitschke e adotada por Rudolf von Ihering. Com esse mesmo foco, Pedro Vidal Neto (1979) referiu que o poder é, provavelmente, a forma mais sensível e imediata pela qual nos defrontamos com o Estado.

Essa é a razão por que os fundamentos do direito constitucional têm direta relação com a ideia de poder. O Estado é força que se submete ao direito, força regulada e limitada pelas estruturas jurídicas. Daí dizer-se que o poder é o objeto fundamental com o qual se defronta uma Constituição.

Retrato de Rudolf von Ihering

Retrato Falado

"O fim do direito é a paz, o meio de que se serve para consegui-lo é a luta. Enquanto o direito estiver sujeito às ameaças da injustiça – e isso perdurará enquanto o mundo for mundo, ele não poderá prescindir da luta. A vida do direito é a luta: a luta dos povos, dos governos, das classes sociais, dos indivíduos" (Da obra *A luta pelo direito*, de Rudolf von Ihering).

Caixa-preta

Constituição & poder
Constituição é a regulamentação jurídica do poder.

Em continuidade, na medida em que já sabemos o quanto estão reciprocamente relacionados os termos *poder* e *Constituição*, veremos agora algumas definições de Constituição.

Para que essa apresentação de conceitos não seja uma estéril sucessão de palavras com propósitos preliminares, nossa sugestão é que você, desde aqui, procure estabelecer relações entre um e outro pensamento.

> ### Dica de estudo
>
> Aqui, e nos demais capítulos deste livro, é importante que sua leitura esteja focada na identificação dos principais aspectos do texto. Evite simplesmente ler, procure sempre ANOTAR, COMPARAR e REFLETIR.

O que é CONSTITUIÇÃO?

Para Celso Ribeiro Bastos (2000), pode-se investigar o termo sob as seguintes perspectivas: sentido muito amplo, material, substancial e formal.

- CONSTITUIÇÃO EM SENTIDO MUITO AMPLO – "A MANEIRA DE SER DE QUALQUER COISA, sua particular estrutura".
- CONSTITUIÇÃO EM SENTIDO MATERIAL – "É o conjunto de FORÇAS POLÍTICAS, ECONÔMICAS, IDEOLÓGICAS etc., que conforma a realidade social de um determinado Estado, configurando a sua particular maneira de ser".
- CONSTITUIÇÃO EM SENTIDO SUBSTANCIAL – Define-se pelo CONTEÚDO DE SUAS NORMAS. Nessa acepção, a Constituição procura reunir as NORMAS QUE SÃO A ESSÊNCIA OU A SUBSTÂNCIA DO ESTADO. Em outras palavras, aquelas "que definem a competência dos órgãos superiores, estabelecendo limites à ação do Estado e fazendo-o respeitar um mínimo de garantias individuais".

- Constituição em sentido formal – Essa é uma acepção que tem sentido diametralmente oposto ao anterior, pois, em sentido formal, a Constituição "é o conjunto de normas legislativas que se distinguem das não constitucionais em razão de serem produzidas por um processo legislativo mais dificultoso, vale dizer, um processo formativo mais árduo e mais solene" (Bastos, 2000, p. 48, grifo nosso).

José Afonso da Silva (2005), por sua vez, fornece o elenco de significados a seguir apresentado:

a. Conjunto dos elementos essenciais a alguma coisa: a CONSTITUIÇÃO do universo, a CONSTITUIÇÃO dos corpos sólidos;
b. Temperamento, compleição do corpo humano: uma CONSTITUIÇÃO psicológica explosiva, uma CONSTITUIÇÃO robusta;
c. Organização, formação: a CONSTITUIÇÃO de uma assembleia, a CONSTITUIÇÃO de uma comissão;
d. O ato de estabelecer juridicamente: a CONSTITUIÇÃO de um dote, de renda, de sociedade anônima;
e. Conjunto de normas que regem uma corporação, uma instituição: a CONSTITUIÇÃO da propriedade;
f. A LEI FUNDAMENTAL DE UM ESTADO. (Silva, 2005, p. 37, grifo nosso)

Note que a ideia de ser a Constituição a regulação jurídica do poder está contida na definição que consta da alínea "f". Afinal, mesmo sem adentrarmos nas definições técnicas para a palavra *lei*, todos sabemos que a lei regula. E mais: por regular, limita.

Paulo Bonavides (2006, p. 63) é mais descritivo em seu conceito e aponta que, do ponto de vista material, a Constituição é "o conjunto de normas pertinentes à organização do poder, à distribuição da competência, ao exercício da autoridade, à forma de governo, aos direitos da pessoa humana, tanto individuais como sociais". Enfim, tudo quanto for o conteúdo básico referente à composição e ao funcionamento da ordem política exprime o aspecto material da Constituição.

Na mesma linha, Manoel Gonçalves Ferreira Filho (2005, p. 34) diz que consiste no "conjunto das regras concernentes à forma do Estado, à forma do governo, ao modo de aquisição e exercício do poder, ao estabelecimento de seus órgãos, aos limites de sua ação".

> *Perceba que não precisamos ir mais adiante para construir uma definição concisa para Constituição... Procure fazer você mesmo uma definição esquematizada do conceito de Constituição.*
> *E o direito constitucional, o que é?*

Com base nas definições de Constituição oferecidas antes e, especialmente, considerado o seu esforço em propor uma definição "esquemática" que reúna suas principais características, ficará mais fácil encontrar o objeto de estudo do direito constitucional.

Leia as definições a seguir (em especial a parte grifada) e pense se você não chegaria a coisa bem parecida por si mesmo(a)!

Para Manoel Gonçalves Ferreira Filho (2005, p. 16), à "acepção jurídica de constituição corresponde o conceito de direito constitucional. Como ciência, direito constitucional é O CONHECIMENTO SISTEMATIZADO DA ORGANIZAÇÃO JURÍDICA FUNDAMENTAL DE ESTADO".

> **Caixa-preta**
>
> *Será?*
>
> Saiba que Santi Romano, um dos mais importantes constitucionalistas italianos, pretendeu a equivalência dos termos *Constituição* e *direito constitucional* sob o ponto de vista material. Será que ele tinha razão?

Celso Ribeiro Bastos (2000), por sua vez, define que "O direito constitucional vem a ser UM ESTUDO FUNDAMENTALMENTE VOLTADO PARA A COMPREENSÃO DO TEXTO JURÍDICO SINGULARÍSSIMO DENOMINADO CONSTITUIÇÃO [grifo nosso]".

Paulo Bonavides (2006) diz que, "no seu conceito clássico, de inspiração liberal, o direito constitucional TEM BASICAMENTE POR OBJETO DETERMINAR A FORMA DE ESTADO, A FORMA DE GOVERNO E O RECONHECIMENTO DOS DIREITOS INDIVIDUAIS" (Bonavides, 2006, grifo nosso).

Nesse sentido, estamos diante de algo cujas raízes prendem-se firmemente às ideias de Estado Liberal, Estado de Direito ou Estado Constitucional. Significa dizer que a própria origem da expressão *direito constitucional* está associada ao triunfo de concepções provenientes da Revolução Francesa e já nos remete, em última análise, à LIMITAÇÃO DA AUTORIDADE GOVERNATIVA.

Ocorre que, segundo as concepções do constitucionalismo liberal, o poder deveria mover-se em órbita específica, qual seja: aquela traçada pela Constituição. Dessa forma, prevaleceram, para realizar a limitação do poder, as ideias de separação dos poderes e a declaração de direitos.

Conheça estas outras definições:

- DIREITO CONSTITUCIONAL POSITIVO (PARTICULAR/ESPECIAL) – É o estudo dos princípios e normas de uma Constituição concreta de determinado Estado. Compreende a interpretação, sistematização e crítica das normas do Estado.
- DIREITO CONSTITUCIONAL COMPARADO – É o estudo das normas constitucionais de vários Estados, de forma que as singularidades e os contrastes entre elas sejam destacados.
- DIREITO CONSTITUCIONAL GERAL – É a disciplina que procura delinear uma série de princípios, indagações, conceitos e categorias que, unificados teoricamente, poderão compor uma teoria geral de caráter científico. É ponto de convergência de vários ramos da ciência constitucional.

(1.1)

Classificação da Constituição Federal de 1988

Existe uma série de possíveis classificações para as constituições. Em verdade, podemos classificar as coisas por meio dos mais diferentes critérios, e o que importará quanto a isso, sempre, será o fato de o rol de elementos considerados ter sido suficiente para cumprir o propósito delimitado pelo estudioso.

Em nosso caso, vamos optar por alguns critérios de classificação que são bastante comuns. Todavia, pelas razões antes expostas, é importante ficar bem claro que essa NÃO é a única classificação possível, tampouco os critérios que serão a seguir apresentados são os únicos adotados pelos autores do direito constitucional.

Quadro 1.1 – Classificação das constituições

CRITÉRIO	TIPOS	DEFINIÇÕES
QUANTO AO CONTEÚDO	Materiais	Contêm um conjunto de regras de natureza constitucional, ou seja, aquelas que tratam da organização do Estado e dos poderes constituídos, do modo de aquisição e exercício do poder, das garantias e direitos fundamentais etc.
	Formais	Reúnem normas materialmente constitucionais (aquelas que tratam de matéria constitucional) e outras que simplesmente constam no texto da Constituição e, portanto, são apenas formalmente constitucionais.
QUANTO À FORMA	Escritas	Estão codificadas em um único texto.
	Não escritas	Em vez de estarem codificadas (texto único), reúnem leis esparsas que tratam de matéria constitucional, bem como precedentes jurisprudenciais, costumes etc. (Exemplo: Constituição inglesa)
QUANTO AO MODO DE ELABORAÇÃO	Dogmáticas	São documentos solenes, sistematizados em um texto único, que é fruto da aplicação de certos princípios ou dogmas.
	Históricas	São o produto da lenta síntese histórica, baseiam-se em costumes, convenções e jurisprudências, reúnem textos esparsos.

(continua)

(Quadro 1.1 – continuação)

CRITÉRIO	TIPOS	DEFINIÇÕES
QUANTO À ORIGEM	Democráticas ou populares	Originam-se do poder constituinte e exprimem o princípio político e jurídico de que todo o governo deve apoiar-se no consentimento dos governados e traduzir a vontade soberana do povo (Exemplo: Brasil – 1891, 1934, 1946 e 1988).
	Outorgadas	Representam o consentimento unilateral do rei, príncipe ou chefe de Estado em desfazer-se de uma parcela de suas prerrogativas ilimitadas. São elaboradas sem a participação da vontade popular e impostas pelos governantes (Exemplo: Brasil – 1824, 1937 e 1967).
	Pactuadas	Representavam o compromisso entre duas forças rivais: a realeza e a nobreza. A primeira em pleno declínio, a outra em franco progresso (Exemplo histórico: a Magna Carta – Supremacia dos Barões – ou a Constituição francesa de 1791 – Supremacia dos Representantes da Nação reunidos em Assembleia Constituinte).
QUANTO À ESTABILIDADE	Rígidas	São as que não podem ser modificadas da mesma maneira que as leis ordinárias. Demandam um processo de reforma mais complicado e solene.
	Flexíveis	São as que não exigem requisitos especiais para a reforma. Podem ser modificadas por ato legislativo ordinário, ou seja, pelos mesmos trâmites da lei comum.
	Semirrígidas	Contêm uma parte rígida e outra flexível (Exemplo: Constituição do Império do Brasil).

(Quadro 1.1 – conclusão)

CRITÉRIO	TIPOS	DEFINIÇÕES
QUANTO À EXTENSÃO	Sintéticas	O texto sintético se reduz às normas essenciais de organização e funcionamento do Estado, mais a declaração e garantia de alguns direitos fundamentais.
	Analíticas	Possuem em seu texto regras que poderiam ser tratadas em normas infraconstitucionais.

Considerados esses critérios, a Constituição Federal brasileira de 1988 pode ser classificada como uma Constituição:

- formal;
- rígida;
- analítica;
- dogmática;
- democrática;
- escrita.

Por fim, para encerrarmos este primeiro capítulo, é muito importante deixar dito que, pelas razões todas apontadas, NÃO EXISTE ESTADO SEM CONSTITUIÇÃO. Afinal, se a Constituição representa a organização (mínima) fundamental do Estado, como poderia existir um Estado sem organização?

Atividades

1. Assinale a alternativa mais correta quanto à relação entre a Constituição e o poder:
   a. Em sua essência, o poder é o objeto fundamental de uma Constituição.
   b. As constituições regulam o exercício do poder estatal.
   c. As constituições reúnem as normas que permitem o exercício de direitos individuais que se contrapõem ao poder do Estado.
   d. As alternativas "a", "b" e "c" estão corretas.
   e. Nenhuma das alternativas anteriores está correta.

2. Na classificação de John Kenneth Galbraith (1994), a forma de exercício do poder que, via de regra, não é perfeitamente percebida por aquele que a ele se submete é denominada de:
   a. poder do Estado.
   b. poder condicionado.
   c. poder compensatório.
   d. poder condigno.
   e. Todas as alternativas anteriores estão corretas.

3. Entre as afirmações a seguir, qual define a Constituição formal?
   a. Constituição formal é aquela que reúne as normas essenciais à organização fundamental do Estado.
   b. É aquela Constituição extremamente rígida quanto aos costumes que regula.
   c. Esse termo tem uma acepção que diz respeito às normas constitucionais que assumem especial situação jurídica, situando-se no ápice da pirâmide normativa, apenas por

estarem inseridas no texto constitucional, pouco importando o conteúdo que tenham.

d. A Constituição em sentido formal reúne as normas substanciais do Estado.

e. Em sentido formal, Constituição é uma norma jurídica elaborada pelos legisladores.

4. Historicamente, quais características podem ser associadas às constituições brasileiras?

a. Formal, rígida e democrática.
b. Analítica, rígida e outorgada.
c. Escrita, outorgada e semirrígida.
d. Formal, rígida, analítica, democrática, dogmática e escrita.
e. As alternativas "a", "b", "c" e "d" estão corretas.

5. Qual opção relaciona os anos de todas as constituições brasileiras?

a. 1824, 1888, 1891, 1934, 1946 e 1988.
b. 1789, 1824, 1937, 1967 e 1988.
c. 1824, 1937, 1967 e 1988.
d. 1824, 1891, 1934, 1937, 1946, 1967 e 1988.
e. Nenhuma das opções anteriores está inteiramente correta.

(2)

A Constituição como um sistema aberto de regras e princípios

Lígia Leindecker Futterleib

Neste capítulo, abordaremos um dos mais instigantes temas do direito constitucional na atualidade: o contraponto entre regras e princípios. Para tanto, inicialmente, identificaremos a Constituição como um sistema aberto de normas jurídicas e conheceremos um pouco dos posicionamentos doutrinários mais influentes às considerações desse assunto. Por fim, diferenciaremos regras e princípios para perceber que a Constituição se compõe dessas duas espécies de normas jurídicas.

> *Primeiramente... Diga lá: Você sabe o que é sistema? Já percebeu que os sistemas não existem por si sós, ou seja, que não os vemos por aí como existência autônoma?*

Pois saiba que nós reunimos coisas correlacionadas para estudá-las. A concepção de SISTEMA inclui duas ideias: a de nexo e a de método. O nexo refere-se a uma ligação entre coisas ou conjunto de elementos. Já o método diz respeito à técnica ou ao processo de pesquisa. Daí que o sistema é uma espécie de "aparelho teórico" para estudar a realidade.

O papel do jurista é estudar o direito de forma sistemática, percebê-lo como um sistema, como um conjunto ordenado de elementos que possuem nexo entre si e em relação aos quais precisa existir coerência.

> *Mas por que se fala em sistemas abertos e sistemas fechados?*

Porque alguns sistemas admitem que neles se insiram novos elementos sem que haja a necessidade de alteração de suas estruturas internas. Esses são os chamados SISTEMAS ABERTOS. Outros, no entanto, são estanques, FECHADOS. Neles, a inclusão de novos elementos impõe alterações significativas no próprio sistema.

O jurista lusitano José Joaquim Gomes Canotilho (1995, p. 168) ensina que a Constituição, não só pela sua posição hierárquica, uma vez que se situa no ápice do ordenamento jurídico[a], mas também por sua peculiar estrutura, é um "SISTEMA ABERTO DE REGRAS E PRINCÍPIOS" que conduz a

---

a. Reúne as normas jurídicas, as instituições e as relações entre as normas tomadas como um conjunto, não apenas consideradas as normas estatais, mas, também, aquelas que são elaboradas pelos grupos sociais e possuem força vinculante.

um equilíbrio, com vistas a propiciar a segurança jurídica e a estabilidade constitucional.

Retrato Falado

Retrato de Hugo Grócio

Há controvérsias quanto ao preciso início do jusnaturalismo racionalista, ao qual nos restringiremos no âmbito deste estudo. Todavia, a obra *De iure belli ac pacis* (*Das leis de guerra e paz*, 1625), do jurista holandês Hugo Grócio, apresenta de maneira sistemática as ideias do direito natural sob o foco da razão, e não mais com as bases teológicas de outrora (jusnaturalismo transcendente). Ressaltamos que uma das principais características dessa escola consiste em atribuir ao ser humano determinados direitos por este simples fato – ser humano – e, ademais, que Grócio separou o direito da vontade de Deus e introduziu uma ideia de sistema que viria a permitir que o fenômeno jurídico fosse entendido desde noções lógicas e abstratas idealizadas na concepção de sistema.

Então, sob as bases dos mais atualizados estudos, dizemos que a Constituição é um sistema aberto composto por normas, sendo estas gênero ao qual pertencem as espécies "regras" e "princípios".

É interessante saber que, apenas após delongado embate epistemológico entre as correntes jusnaturalista, juspositivista e pós-positivista, os princípios alçaram à posição de destaque que têm atualmente no ordenamento jurídico. Examinemos, a seguir, algumas questões interessantes relacionadas a esse tema.

Em sua obra, Grócio afirma que a justiça existiria mesmo se Deus não existisse, uma vez que os fundamentos do justo encontram-se na natureza do homem e na socialização e têm validade absoluta, imutável e universal. O jusnaturalismo racionalista, situado historicamente antes mesmo do chamado *constitucionalismo*, teve enorme influência no pensamento de sua época e amparou argumentos com os quais se buscou superar os privilégios feudais da nobreza e do clero.

Retrato Falado

Retrato de Augusto Comte

O positivismo de Comte rechaça que a explicação dos fenômenos naturais e sociais provenha de um só princípio. Sua filosofia positivista desconsidera as causas dos fenômenos (Deus, natureza) para pesquisar suas leis como relações abstratas e constantes entre fenômenos observáveis. Assim, pela ótica positivista, o objeto de estudo se reduz aos fenômenos e suas relações recíprocas. Tudo em nome de uma investigação que se pretende puramente científica. Com base nesses postulados, para Comte, a ciência deveria prever e a previsão conduziria à ação. No campo do direito, Hans Kelsen foi um expoente do positivismo jurídico. Para ele, o direito é a "norma posta", a regra estabelecida por autoridade competente. Tudo o mais (os valores, por exemplo) são metajurídicos e estão fora do direito.

> *Teremos a oportunidade de verificar que essas questões se imbricam para que entendamos as constituições como fruto de uma nova compreensão de Estado. Mas, por agora, registre que os princípios eram até então considerados elementos metafísicos e abstratos, meramente inspiradores de um ideal de justiça e, portanto, destituídos de força normativa. Serviam à valoração do "certo ou errado", em um âmbito de eficácia restrito à dimensão ética e moral do direito.*

A formação do Estado moderno foi a derrocada do jusnaturalismo porque, a reboque de seus ideais, assentou-se o monopólio estatal na produção do direito. Primeiramente sob a égide das codificações, obras legislativas monumentais como o *Code Civil* francês de Napoleão Bonaparte (1804) e o *BGB* alemão (*Bürgerliches Gesetzbuch*, 1896), a lei passou a ser vista como expressão superior da razão para engendrar um sistema jurídico que se pretendia completo e autossuficiente.

No cenário juspositivista, aos princípios era reservado um papel subsidiário e posterior ao das leis, cumprindo-lhes servir à completude do arcabouço legal, suprindo "eventuais" lacunas. Hoje, já não há como não enxergar de maneira cristalina que, a um só tempo, essa forma de pensar servia bem a frear as ingerências de um Estado todo-poderoso, mas também que logo a seguir acabaria por se traduzir em um empecilho à realização do direito. Um verdadeiro obstáculo à justiça, porque a lei, por si só, como produto predeterminado da razão humana, não tem como suprir todas as demandas sociais nem atender aos pleitos renovados pelo dinamismo da sociedade humana. A inflexibilidade dos pressupostos positivistas reduziria a vida aos códigos, acorrentando o progresso e a evolução social.

Não bastasse isso, a história é pródiga em contar as barbáries perpetradas em nome da lei. Tanto o nazismo quanto o fascismo pretenderam encontrar na norma "asséptica" e dissociada de valores éticos – eis que dela tão somente se exigia que proviesse de fonte estatal competente – a legitimidade que lhes serviria de refúgio. Não poucos, se não todos, os levados ao Tribunal de Nuremberg[b] argumentaram em sua defesa o pleno cumprimento da lei e a obediência à ordem superior emanada de autoridade investida pelo Estado.

O movimento natural de reação ao quadro positivista foi, aos poucos, a introdução nas leis dos chamados *conceitos jurídicos indeterminados* e das *cláusulas gerais*, ambos reclamando concretização por parte do julgador. Assim, ao incorporar nas leis termos propositalmente imprecisos e abertos, o legislador abriu espaço à construção dinâmica do sentido das leis. Também, no caso das chamadas *cláusulas gerais* – que muitos autores entendem confundirem-se com os princípios –, em vez de as hipóteses de aplicação da lei e suas consequências estarem precisamente descritas, há a construção vaga de uma moldura flexível na qual cabem, exatamente pela abrangência de sua formulação, valores, princípios e diretrizes originalmente sequer pensados pelo legislador. Essas foram as primeiras reações ao positivismo.

---

b. Os criminosos nazistas, logo após a Segunda Guerra Mundial, foram julgados na cidade de Nuremberg, na Alemanha. Hermann Goering, considerado um dos principais líderes da guerra e verdadeiro braço direito de Hitler, defendeu-se alegando os postulados do princípio da legalidade. Em suma, a defesa se estruturou sob o argumento de que não existe crime sem lei anterior que o preveja, nem pena sem prévia cominação legal (em latim: *nullum crimen sine lege, nulla pena sine lege*). Ademais, argumentaram os acusados que obedeciam a ordens superiores.

> **Caixa-preta**
>
> *Cláusulas gerais &*
> *conceitos jurídicos indeterminados*
> - Boa-fé;
> - Bons costumes;
> - Bem comum;
> - Perigo iminente.
>
> São fórmulas cuja exata definição de sentido exige tanto a consideração das circunstâncias concretas quanto a interpretação valorativa do juiz.

Em continuidade, a crescente importância de normas que descrevem valores sociais, tais como o da dignidade da pessoa humana, impulsionou que o direito se abrisse aos valores de uma sociedade multifacetária e pluralista em que coexistem vários grupos sociais. Mais do que nunca, quer-se reconhecimento aos valores éticos, sociais e ideológicos que foram expulsos do sistema por força daquela concepção legalista e estrita.

Foi desde aí até o desenvolvimento das teorias pós-positivistas, especialmente por Ronald Dworkin (USA) e Robert Alexy (Alemanha), que os princípios passaram a ser paulatinamente reconhecidos como verdadeiras normas jurídicas, plenos em termos de normatividade. Pôde-se, enfim, vislumbrar a superação dialética do antagonismo entre o jusnaturalismo e o juspositivismo[c]. Assim,

---

c. Para efeitos didáticos, cabe aqui dizer simplesmente que o chamado *juspositivismo*, ou teoria do direito positivo, com o aporte teórico de juristas de renome como Hans Kelsen, tem bases no entendi-

os princípios tornaram-se hegemônicos e bases fortes e férteis aos sistemas constitucionais.

Eles, os princípios, associados às regras, compõem o arcabouço normativo do Estado e, especialmente em nosso caso, da Constituição.

Distinguem-se os dois, nas palavras de Ronald Dworkin, porque as regras são normas concretas e determinadas, estabelecidas para aplicações específicas; os princípios, por sua vez, são preceitos jurídicos fundamentais constantemente carentes de interpretação (como os direitos humanos, o tratamento isonômico etc.).

Regras e princípios, portanto, são comandos com validade normativa e vinculativos, ou seja, expressam proibição, obrigação ou permissão a quem quer que se dirijam.

Na concepção de Dworkin (1997, p. 77-78), um diferencial importante entre regras e princípios é que as primeiras incidem na forma do "tudo ou nada" (*all or nothing*) e os segundos, não. Ou seja, a regra ou é aplicada e submete o fato aos seus ditames ou não contribui para a solução do caso.

---

mento de que o direito é a lei e tão somente a lei, não existindo lei salvo como produto da ação legislativa do Estado. As teses jusnaturalistas – leia mais sobre isso na página 121 desta obra –, por outro lado, contrapõem-se fortemente a essa concepção, pois sustentam a existência de direitos anteriores ao Estado e, por conseguinte, até superiores à lei. Esses direitos são nomeados de *direitos naturais*.

> **Caixa-preta**
>
> *A norma é Pop*
>
> As normas jurídicas são comandos que sempre cumprem uma destas missões:
>
> - Proíbem;
> - Obrigam;
> - Permitem.
>
> Pense sobre isso!

Os princípios, por sua vez, são tratados com base na dimensão de peso ou importância que se atribui a eles. Assim, quando colidem entre si, a solução do caso dependerá da análise e ponderação que se fizer quanto à importância de cada um dos princípios envolvidos, em face do caso concreto. As regras, ao contrário, porque não possuem a dimensão de peso, são válidas ou não, apenas isso.

Dessa maneira, uma regra a respeito dos testamentos, por exemplo, pode deixar de ser aplicada porque já foi revogada por outra. Ou seja, ela é inválida.

Algo bem diferente acontece em relação aos princípios: o princípio da liberdade, quando em conflito com o princípio da igualdade, por exemplo, não impõe que um ou outro abandone o mundo jurídico. O que acontece, nesses casos, é que o juiz, à luz do caso concreto, há de ponderar e considerar um ou outro (a liberdade ou a igualdade), prevalente naquele momento.

Para Robert Alexy (1997b, p. 81-87), todas as questões que envolvam, por exemplo, direitos fundamentais são decididas em termos de princípios. Dessa maneira, é diante do caso concreto, detalhado e documentado no processo, que o juiz decidirá, por exemplo, se o direito à vida privada de um indivíduo determinado prevalecerá sobre o direito de acesso à informação que assiste à comunidade, por exemplo.

Importa ainda destacar que Canotilho (1995, p. 1147) divide os princípios em hermenêuticos e jurídicos. Os primeiros, com funções argumentativa, de interpretação e de abstração, permitem ao jurista revelar normas não expressas por qualquer enunciado legislativo, possibilitando a integração de novas normas e a complementação do sistema jurídico. Já os princípios jurídicos, em sua conceituação, na linha do que vínhamos referindo, são normas jurídicas distintas das regras.

Robert Alexy (1997b, p. 87) define os princípios como mandados de otimização, esclarecendo a seguir que:

> Os princípios são normas que ordenam que algo seja realizado na maior medida possível, dentro das possibilidades jurídicas e reais existentes. Portanto, os princípios são mandados de otimização, que estão caracterizados pelo fato de que podem ser cumpridos em diferente grau, em que a medida devida de seu cumprimento não só depende das possibilidades reais, mas também das jurídicas. O âmbito das possibilidades jurídicas é determinado pelos princípios e regras opostos.

A percepção do direito assim, como um sistema composto de regras e princípios, decorre da conclusão de que "um legalismo estrito de regras não permitiria a introdução dos conflitos, das concordâncias, do balanceamento de valores e interesses de uma sociedade pluralista e aberta. Corresponderia a uma organização política monodimensional" (Canotilho, 1995, p. 168-169).

Significa dizer que, composto apenas por regras, o direito seria quase inflexível e até reacionário diante das demandas que a sociedade lhe impõe cotidianamente, ficando acorrentado à ação do legislador.

> **Caixa-preta**
>
> *Em apertada síntese*
>
> A Constituição agrega regras e princípios. As regras são normas explícita e diretamente relacionadas a determinados casos concretos. Os princípios, por outro lado, são mais abstratos e amplos, servindo de verdadeiro norte à interpretação e aplicação do direito.

Por outro lado, um modelo ou sistema fundamentado apenas em princípios acabaria por nos trazer também inúmeras dificuldades. É que "a indeterminação, a inexistência de regras precisas, a coexistência de princípios conflitantes, a dependência do 'possível' fático e jurídico" (Bastos, 2000, p. 58), nos conduziria a um sistema em que a segurança jurídica é falha e, por tendência, até incapaz de reduzir sua própria complexidade.

Por conseguinte, importa nos darmos conta de que as constituições não são um aglomerado de normas reunidas de forma desestruturada, mas um todo estruturado que possui unidade e uma especial situação hierárquico-normativa, situando-se no ápice da pirâmide normativa, e, ademais, que elas são compostas por normas jurídicas, não sendo meras cartas políticas como outrora se pretendeu.

Por outro lado, vale mais do que nunca a advertência feita por Bonavides (2006, p. 281) a respeito do significado dos princípios para o constitucionalismo contemporâneo:

> *a teoria dos princípios, depois de acalmados os debates acerca da normatividade que lhes é inerente, se converteu no coração das Constituições.*

As Constituições fazem no século XX o que os Códigos fizeram no século XIX: uma espécie de positivação do direito natural, não pela via racionalizadora da lei, enquanto expressão da vontade geral, mas por meio dos princípios gerais, incorporados na ordem jurídica constitucional, onde logram valoração normativa suprema, ou seja, adquirem a qualidade de instância juspublicística primária, sede de toda legitimidade do poder.

Os princípios baixaram primeiro das alturas montanhosas e metafísicas de suas primeiras formulações filosóficas para a planície normativa do direito civil.

Transitando daí para as Constituições, noutro passo largo, subiram ao degrau mais alto da escala normativa.

Ocupam doravante, no direito positivo contemporâneo, um espaço tão vasto que já se admite até falar, como temos reiteradamente assinalado, em Estado principial.

Para situar essas reflexões no plano concreto dos acontecimentos da vida, sirvamo-nos do exemplo trazido por Eduardo Marques (2005) a respeito do princípio da proteção da propriedade. O art. 170, inciso II, da Constituição Federal dispõe que:

> *A ordem econômica, fundada na valorização do trabalho humano e na livre iniciativa, tem por fim assegurar a todos existência digna, conforme os ditames da justiça social, observados os seguintes princípios:*
> *[...]*
> *II – propriedade privada.*
> *[...]*

Marques (2005) lembra que, se levarmos em conta a lição de Alexy, o valor/princípio "proteção da propriedade" deverá ser "otimizado", maximizado mesmo, para servir de verdadeira baliza ao legislador por ocasião da feitura de leis que regulamentam os dispositivos constitucionais. Também para servir de eixo interpretativo, orientando intérpretes e aplicadores do direito quando da solução de casos concretos. Ou seja, o princípio da proteção da propriedade há de ser aplicado tanto quanto possível e sempre o mais possível.

Todavia, inegável é que, em determinadas situações, o princípio da proteção da propriedade terá seu campo de aplicação reduzido diante da necessidade de aplicação de outro(s) princípio(s). Assim, por exemplo, embora elevado à sua máxima otimização, cederá espaço ao princípio da função social da propriedade, sendo este uma inovação da Carta Constitucional de 1988, cuja base é a supremacia do interesse público diante do interesse particular.

Vê-se que o princípio da proteção da propriedade é um mandado a ser otimizado na mais larga medida do possível, sem que se exija, no entanto, integral realização de seu conteúdo em todos os casos.

Nessa perspectiva, podemos exemplificar dizendo que uma pessoa que possua justo título de propriedade de um terreno urbano, sendo, então, legítima proprietária dele, terá ao seu lado as leis e os órgãos do Estado para salvaguardar esse seu direito. Todavia, como a terra é um bem finito da natureza que possui imenso valor social, se essa mesma pessoa permitir que, pacificamente, outro indivíduo ocupe aquele seu terreno e nele faça sua moradia, plantando e colhendo os frutos de sua plantação e com eles provendo o sustento de sua família, diríamos que o proprietário relegou seu bem ao abandono.

Isso porque nem o direito nem a sociedade se compadecem pelo desperdício da terra. Ao contrário, a reação construída após um longo caminho de maturação foi a de atribuir ao proprietário, em contraposição ao seu direito de propriedade, um dever de cumprir a função social desta. No caso examinado, estaríamos diante da colisão de dois princípios: de um lado, a proteção da propriedade; de outro, o valor social dela.

A solução há de sobressair da ponderação.

O que cabe mais ao caso: (1) garantir a propriedade de um pequeno trecho urbano de terra a quem dele não cuida a ponto de não se opor a que outro o ocupe por 5 anos ininterruptos; ou (2) admitir o direito de usucapião urbano (aquisição da propriedade pelo decurso do tempo), para efeitos de moradia, a quem tenha posse mansa e pacífica daquele pedaço de chão e nele tenha feito sua moradia?

> *Confronte os arts. 5º, incisos XXII e XXIII, e 183 da Constituição Federal e, considerando como verdadeiro os pressupostos de fato (abandono por parte de um e posse mansa por parte do outro), faça a sua ponderação.*

Atividades

1. Pode-se identificar o direito e a Constituição como um sistema:
   a. aberto, porque é permeável a novas leis.
   b. aberto, pois nele podem ser introduzidos novos costumes.
   c. aberto, pois tanto o direito quanto a Constituição (esta pela via renovadora da interpretação e pela reforma constitucional) precisam acompanhar a dinâmica social e, portanto, sofrem mudanças.
   d. As alternativas "a", "b" e "c" estão corretas.
   e. Nenhuma alternativa está correta.

2. A corrente denominada *pós-positivista* vê os princípios jurídicos como:
   a. elementos meramente abstratos que têm o papel de inspirar os legisladores à feitura das melhores leis.
   b. normas jurídicas específicas, aplicáveis a casos bem determinados perfeitamente descritos em seu texto.
   c. normas que se impõem como comandos jurídicos que, à semelhança das regras, proíbem, obrigam ou permitem.
   d. dispositivos constitucionais que só existem nas Constituições promulgadas.
   e. Todas as alternativas anteriores são incorretas.

3. Talvez uma das principais diferenças entre os princípios e as regras consista no fato de os primeiros serem aplicados:
   a. na base do "tudo ou nada", ou seja, são válidos ou não.
   b. sempre que não existirem regras claras para regular um caso concreto.
   c. com base em um juízo de ponderação que admite ao juiz dar preferência à aplicação de um princípio em detrimento de outro diante de um caso concreto, sem, no entanto, que nenhum dos princípios perca sua validade jurídica.
   d. com base em uma reflexão cuidadosa por parte do julgador que, ao decidir pela aplicação de um princípio, automaticamente declara o outro inválido na ordem jurídica.
   e. Todas as alternativas anteriores estão incorretas.

(3)

Funções e tipologia dos
princípios constitucionais

Lígia Leindecker Futterleib

Após a diferenciação que fizemos entre regras e princípios como espécies do gênero "norma jurídica", procuraremos, neste capítulo, identificar algumas das funções fundamentais (ou papéis) atribuídas aos princípios constitucionais.

Logo a seguir nos ocuparemos de classificá-los com o propósito de que o estudante identifique a inegável e fundamental importância que as normas jurídicas de natureza principiológica têm na Constituição e, por conseguinte, no ordenamento jurídico por inteiro.

(3.1)
Funções dos princípios constitucionais

Como vimos no capítulo anterior, foi dos avanços da teoria dos princípios que decorreu a consolidação do modelo jurídico chamado *pós-positivismo*, em que os princípios são considerados normas-chave do sistema jurídico.

Por agora, vamos adentrar um pouco mais no assunto, tratando de outras abordagens a respeito desse tema tão importante para o estudo do direito constitucional.

Conforme Jorge Miranda (1990, p. 199-200), os princípios exercem uma ação imediata, enquanto diretamente aplicáveis ou diretamente capazes de conformarem as relações político-constitucionais. Exercem também uma ação imediata tanto num plano integrativo e construtivo como num plano essencialmente prospectivo. A ação mediata dos princípios consiste, em primeiro lugar, em funcionarem como critérios de interpretação e de integração, pois são eles que dão a coerência geral do sistema. Há que se considerar também que, ao orientarem a ação do legislador, por exemplo, os princípios projetam o futuro (daí sua ação prospectiva).

Detenhamo-nos a analisar, por exemplo, as disposições contidas no art. 1º, inciso III, da Constituição Federal de 1988. Lá está estabelecido que a República Federativa do Brasil tem como fundamento, entre outros, o princípio (e valor) da DIGNIDADE DA PESSOA HUMANA[a].

---

a. No Capítulo 5 desta obra nos dedicaremos a estudar especificamente este princípio.

Ao nos depararmos com um dispositivo de tamanha amplitude conceitual, fica bem mais fácil perceber que algumas das normas jurídicas, na medida em que perdem o seu caráter de precisão de conteúdo – densidade semântica, segundo Celso Ribeiro Bastos (2000, p. 143) –, ascendem a uma posição que lhes permite sobrepairar ao ordenamento jurídico, como se a espalhar luz no todo.

É que *dignidade da pessoa humana*, obviamente, não é nada assim tão simples de definir. Todavia, embora aqueles que irão dedicar-se a isso tenham à frente uma árdua tarefa para depurar ao máximo o sentido da expressão, desde logo salta aos olhos até dos desavisados o quão significativo será esse trabalho.

Segundo Bonavides (2006, p. 230), para Crisafulli, princípios são as normas jurídicas consideradas determinantes de uma ou de muitas outras normas subordinadas. Estas pressupõem aqueles e os desenvolvem, especificando direções mais particulares (menos gerais) e determinando-lhes (potencialmente resumindo) o conteúdo, sejam essas normas efetivamente postas sejam apenas dedutíveis do princípio geral que as contém.

As constituições, em certa medida, operam, a partir do século XX, a positivação do direito natural que os códigos fizeram no século anterior, ou seja, operam a passagem dos direitos naturais ao recinto das leis, tornando-os, pois, direito positivo. Diferentemente dos dogmas positivistas que apontavam a hegemonia da lei, como expressão da vontade geral e fonte única do direito, o movimento de constitucionalização dos princípios gerais logrou alcançar a estes o lugar mais alto na hierarquia normativa.

Paulo Bonavides (2006, p. 265) sintetiza os resultados consolidados pelo pós-positivismo em prol dos princípios:

a passagem dos princípios da especulação metafísica e abstrata para o campo concreto e positivo do direito, com baixíssimo teor de densidade normativa; a transição crucial da ordem jusprivatista (sua antiga inserção nos Códigos) para a órbita juspublicística (seu ingresso nas Constituições); a suspensão da distinção clássica entre princípios e normas; o deslocamento dos princípios da esfera da jusfilosofia para o domínio da ciência jurídica; a proclamação de sua normatividade; a perda de seu caráter de normas programáticas; o reconhecimento definitivo de sua positividade e concretude por obra sobretudo das Constituições; a distinção entre regras e princípios, como espécies diversificadas do gênero norma e, finalmente, por expressão máxima de todo este desdobramento doutrinário, o mais significativo de seus efeitos: a total hegemonia e preeminência dos princípios.

Os princípios constitucionais são verdadeiramente multifuncionais. Muitas poderiam ser as abordagens e, por certo, desde variados pontos de vista, as funções ou papéis reservados a eles no direito poderiam ser os mais diversos.

Porque precisamos nos deter nos limites desta obra, optamos por lançar os olhos em algumas funções que, embora identificáveis em relação aos princípios jurídicos em geral, são especialmente significativas para os princípios constitucionais.

a) Função ordenadora

Os princípios exprimem uma ideia de direito. É comum que sirvam de base às revoluções, vindo a sobrepor os antigos princípios da sociedade. Nesses casos, quando há ausência de normas escritas, os princípios, na sua função ordenadora, orientam os rumos do novo Estado.

Lembre-se de que as revoluções são feitas em nome de uns poucos princípios, dos quais serão extraídos os preceitos que, depois, mais direta e concretamente, regerão a sociedade e o Estado.

> **Dica de Estudo**
>
> A propósito, pesquise um pouco sobre a Revolução Francesa e os princípios que lhe serviram de inspiração: *"Liberté, Égalité, Fraternité"* (Liberdade, Igualdade, Fraternidade). Você verá como falaremos neles mais adiante.

b) Função normogenética

As regras devem concretizar os princípios, dada a primazia que eles têm na ordem jurídica, sendo a base que configura a *ratio* (razão) das próprias regras. Assim, cabe ao legislador fazer leis que apontem na mesma direção daqueles, para concretizá-los, tornando-os plenamente aplicáveis pela força direta das regras.

Domenico Farias, referido na obra de Bonavides (2006, p. 245), destaca a fecundidade como traço dos princípios, na medida em que eles são a alma e o fundamento de outras normas.

c) Função sistêmica

Todo sistema possui normas internas de coerência, sendo óbvio que o ordenamento jurídico também as possua. A ordem jurídica tem como centro os princípios, que funcionam como "regra de fechamento", promovendo uma ligação entre todas as normas do sistema. Ou seja, são os elos entre os elementos do sistema jurídico.

d) Função atualizadora

Em seu característico dinamismo, a sociedade elabora mudanças que podem afetar a força normativa da Constituição. Todavia, como é relevante que a Lei Maior esteja intimamente ligada à realidade social que rege, os princípios, em virtude do grau de abstração que possuem, permitem a atualização pela via hermenêutica.

Hermes

Retrato Falado

HERMES, mensageiro ou intérprete da vontade dos deuses (daí o termo *hermenêutica*), era um deus grego, um dos 12 deuses do Olimpo, e correspondia ao deus Mercúrio dos romanos.

HERMÊUTICA é a ciência que estuda e sistematiza os processos aplicáveis à determinação do sentido e do alcance das expressões do direito. É a teoria científica da arte de interpretar, o aparelho teórico-científico do intérprete do direito.

e) Função fundamentadora

Os princípios são a base, o fundamento, de todo o sistema jurídico. No ápice da cadeia jurídica e no topo das atuais constituições, eles fundamentam as regras concretizadoras.

Na muito conhecida definição de Celso Antônio Bandeira de Mello (1980, p. 230), os princípios são "mandamentos nucleares de um sistema", exercendo função fundamentadora porque reclamam que todas as relações jurídicas, ao adentrarem no sistema, busquem na principiologia constitucional o nascedouro das instituições e estruturas do direito.

f) Função integrativa

A expressão *integração do direito* refere-se ao preenchimento das lacunas da lei. Dos princípios pode-se extrair a solução jurídica do fato concreto quando não existirem normas específicas aplicáveis diretamente ao caso examinado.

g) Função garantidora

Tem a função de oferecer garantias às pessoas ante a autoridade do Estado, sendo uma forma de limitar a ação deste e de garantir direitos aos cidadãos.

h) Função normativa

É essencial reconhecermos que os princípios não estão somente na esfera abstrata, pois possuem força normativa, especialmente no que diz respeito à conduta dos poderes do Estado e à execução dos princípios garantidores. São as normas-princípios materialmente constitucionais.

(3.2)
Tipologia dos princípios constitucionais

Ao elegermos uma maneira de classificar os princípios constitucionais, não estamos, necessariamente, relegando ou rejeitando outras. No nosso caso específico, a escolha por uma tipologia quer substituir a tarefa de enumerar os princípios contidos na Constituição vigente pela oportunidade de entender sua natureza. Conhecer, um a um, os princípios contidos em nossa Constituição exacerbaria em muito a comedida intenção nesta disciplina; apreender deles sua essência nunca é demasiado.

Ao optarmos por uma tipologia, que busca classificar os princípios constitucionais pelo que representam e produzem no meio social e na Constituição, não queremos estabelecer uma hierarquia entre eles. Tampouco, o que pareceria temerário, pretendemos encerrar *numerus clausus* os princípios da Constituição de 1988, como já foi dito. Dentre as classificações que existem, a de Canotilho (1995) tem sido das mais referidas. O autor desdobra em quatro modalidades principais os diversos tipos de princípios. Vejamos.

a) Princípios jurídicos fundamentais

Esses são princípios que, de maneira progressiva ao longo da história, foram sendo transportados para as normas jurídicas (tornando-se direito objetivo) e recepcionados pelo texto constitucional de forma expressa ou implícita.

Analise estes artigos da Constituição Federal de 1988. Será que você os reconhece como princípios jurídicos fundamentais? Por quê?

- *Art. 5º, LX – a lei só poderá restringir a publicidade dos atos processuais quando a defesa da intimidade ou o interesse social o exigirem.*
- *Art. 5º, LXIII – o preso será informado de seus direitos, entre os quais o de permanecer calado, sendo-lhe assegurada a assistência da família e de advogado.*

b) Princípios politicamente conformadores

Esses princípios explicitam as valorações políticas do legislador constituinte, condensando as opções políticas mais importantes e traduzindo as inspirações ideológicas presentes na Constituição. Costuma-se referi-los como *cerne político* da Constituição.

Os princípios politicamente conformadores se referem à forma de Estado, à estruturação da ordem econômica e social e do regime político.

Observe o art. 1º da Constituição Federal de 1988:

- *Art. 1º A República (<u>forma de governo</u>) Federativa (<u>forma de Estado</u>) do Brasil, formada pela união indissolúvel dos Estados e Municípios e do Distrito Federal, constitui-se em Estado Democrático de Direito e tem como fundamentos... (A parte sublinhada foi acrescida ao original.)*
[...]

c) *Princípios constitucionais impositivos*

Caracterizam-se por impor ao Estado e, por essa via, ao legislador determinados fins e tarefas. Ainda que existam acirradas críticas quanto a essa denominação, há quem os chame de *normas programáticas*.

> *Em um dos quatro primeiros artigos da Constituição Federal, busque o princípio da independência nacional e o mandamento de correção das desigualdades sociais. Achou? Vocês os reconhece como princípios constitucionais impositivos?*
>
> → *Saiba, por exemplo, que o respeito ao princípio da independência nacional traz como consequência a impossibilidade de que qualquer decisão sobre o nosso governo, povo ou território seja tomada por outro país, em um tratado, por exemplo.*

d) *Princípios-garantia*

São voltados a estatuir garantias para os cidadãos. Pelo papel que têm, esses princípios costumam até mesmo ser menos vagos e possuir maior força normativa, sendo aproximados das regras e não poucas vezes confundidos com elas.

> Leia atentamente estas disposições constitucionais:
>
> - *Art. 5º, II – ninguém será obrigado a fazer ou deixar de fazer alguma coisa senão em virtude de lei.*
> - *Art. 5º, XXXIX – não há crime sem lei anterior que o defina, nem pena sem prévia cominação legal.*

Seguindo as lições do professor Damásio de Jesus (2001, p. 51), um ilustre criminalista de nosso país, podemos dizer que as disposições anteriores têm significado político,

> sendo uma garantia constitucional dos direitos do homem. Constituem a garantia fundamental da liberdade civil, que não consiste em fazer tudo o que se quer, mas somente aquilo que a lei permite. À lei tão somente compete fixar as limitações que destacam a atividade criminosa da atividade legítima. Esta é a condição de segurança e liberdade individual. Não haveria, com efeito, segurança ou liberdade se a lei atingisse, para as punir, condutas lícitas quando praticadas, e se os juízes pudessem punir os fatos ainda não incriminados pelo legislador.

Essas disposições servem aos chamados *princípios da legalidade e da reserva legal* (*Nullum crimen, nulla poena sine lege*).

Gomes Canotilho (1995, p. 1047-1049) divide, ainda, os princípios constitucionais em estruturantes, gerais e especiais.

Para o autor português, os princípios estruturantes ganham densidade e transparência mediante suas concretizações (em princípios gerais, princípios especiais ou regras), conferindo a unidade da Constituição e indicando "uma opção pelo favorecimento de determinado valor, a ser levada em conta na apreciação jurídica de uma infinidade de fatos e situações possíveis" (Miranda, 1990, p. 200).

Aqueles que ele chama de *princípios estruturantes* constituem e indicam as ideias diretivas básicas de toda a ordem constitucional, são as chaves mestras do estatuto jurídico político, ou seja, da Constituição. Poderíamos exemplificar dizendo que o princípio do Estado de direito, o princípio republicano, o princípio democrático e o princípio da legalidade[b] são estruturantes.

Esses princípios ganham concretização por meio de outros, que são chamados por Canotilho de *subprincípios*, os quais lhes conferem maior densidade, formando com eles uma união, um sistema interno. Dessa maneira, por exemplo, o princípio da legalidade é "densificado" pelos subprincípios da anterioridade da lei penal (art. 5°, XXXIX – não há crime sem lei anterior que o defina, nem pena sem prévia cominação legal) e da proibição da irretroatividade das leis penais (art. 5°, XL – a lei penal não retroagirá, salvo para beneficiar o réu).

Esses princípios gerais aplicáveis ao direito penal, por sua vez, tornam-se mais densos e concretizam-se ainda mais por meio de outros, que Canotilho (1995) chama de *princípios constitucionais especiais*.

Entendemos que, para seguir a linha de raciocínio aqui desenvolvida, caberia atribuir a natureza de princípios especiais aos mandamentos constitucionais que configuram o princípio da individualização das penas (art. 5°, XLVI – a lei regulará a individualização da pena e adotará, entre outras, as seguintes: a) privação ou restrição da liberdade; b) perda de bens; c) multa; d) prestação social alternativa; e) suspensão ou interdição de direitos) e o princípio da ampla defesa (art. 5°, LV – aos litigantes, em processo judicial ou administrativo, e aos acusados em geral são assegurados o contraditório e ampla defesa, com os meios e recursos a ela inerentes).

---

b. Sobre o princípio da legalidade, ver nota de rodapé da página 39.

> **Caixa-preta**
>
> *O que é mais grave:*
> *Violar um princípio ou transgredir uma regra?*
>
> Para Celso Antônio Bandeira de Mello, violar um princípio é mais grave, pois a desatenção a ele implica ofensa não apenas a um mandamento obrigatório específico, mas a todo o sistema de comandos. É a mais grave forma de ilegalidade ou inconstitucionalidade, conforme o escalão do princípio atingido, porque representa insurgência contra todo o sistema, subversão de seus valores fundamentais.

FONTE: MELLO, 1980, P. 230.

Por fim, neste ponto é importante destacar do conjunto de ideias apresentadas aqui e nos capítulos anteriores o que segue:

- O direito é um sistema aberto de regras e princípios.
- Os princípios são as ideias mais gerais e abstratas que expressam, em maior ou menor grau, todas as normas do ordenamento jurídico.
- Enquanto perdem densidade semântica, as normas jurídicas chamadas *princípios* ascendem a posições mais elevadas no ordenamento jurídico e repercutem sobre todas as normas.
- Como valores, os princípios podem ser considerados a "pedra de toque" do sistema jurídico ou o critério com que se aferem os conteúdos da Constituição em sua dimensão normativa mais elevada.

Atividades

1. Quanto à ação que têm na ordem jurídica, podemos dizer a respeito dos princípios que:
   a. são normas-chave de todo o sistema, porque exercem a ação exclusiva de garantir a liberdade das pessoas.
   b. são importantes apenas na integração do direito, ou seja, para o preenchimento das lacunas da lei.
   c. porque sobrepairam ao ordenamento jurídico, não têm aplicabilidade imediata.
   d. As alternativas "a", "b" e "c" estão corretas.
   e. Nenhuma das alternativas está correta.

2. Diz-se que os princípios têm função normogenética porque:
   a. regulam a manipulação genética e o uso das células tronco.
   b. as regras não se vinculam aos princípios, mas estes se vinculam a elas.
   c. desempenham o importante papel de orientar o legislador na confecção de normas jurídicas, na medida em que ao Poder Legislativo compete fazer leis que concretizem os princípios.
   d. as regras têm função normativa e os princípios, não.
   e. Todas as alternativas estão corretas.

3. É mais adequado associar a função sistêmica dos princípios:
   a. ao fato de eles atuarem como "regras de fechamento", promovendo a ligação entre todas as normas do ordenamento jurídico.
   b. ao fato de só eles permitirem uma atualização das normas jurídicas pela via interpretativa.

c. ao fato de serem exclusivos na garantia das liberdades individuais em face do Estado.

d. ao fato de eles permitirem uma inteira abertura da Constituição aos tratados internacionais.

e. Todas as respostas estão corretas.

4. Quando, no art. 1º, *caput*, a Constituição Federal dispõe que "a REPÚBLICA (= FORMA DE GOVERNO) FEDERATIVA (= FORMA DE ESTADO) do Brasil, formada pela união indissolúvel dos Estados e Municípios e do Distrito Federal, constitui-se em Estado Democrático de Direito [...]" (Brasil, 1988), está apresentando alguns princípios (Atenção: o destaque não consta na Constituição, mas foi incluído para identificar dois importantes princípios fundamentais de nosso país). São eles:

a. Princípios-garantia.

b. Princípios constitucionais impositivos.

c. Princípios politicamente conformadores.

d. Princípios jurídicos fundamentais.

e. Nenhuma das alternativas anteriores está correta.

(4)

Os princípios fundamentais
na Constituição de 1988

Lígia Leindecker Futterleib

Nesta etapa de nossos estudos, a missão que temos é a de apresentar os princípios que a Constituição Federal de 1988 distinguiu expressamente como fundamentos no Estado brasileiro.

Haja vista toda a importância e as dimensões de profundidade e abrangência que têm os princípios constitucionais, assunto sobre o qual nos debruçamos em dois capítulos anteriormente, convém deixar bem claro que não pretendemos esgotar o assunto, sequer no quanto diga respeito aos específicos mandamentos que vamos estudar a seguir.

Entendemos que, ao dedicarmos atenção especial aos fundamentos do Estado brasileiro, apontaremos uma direção e cumpriremos a missão de demonstrar o quão concretos podem se tornar os conceitos abstratos contidos em qualquer uma dessas normas jurídicas de natureza principiológica.

Na lição de Slaibi Filho (2004, p. 141), os princípios fundamentais que constam do Título I da Constituição Federal de 1988 são considerados "expressões das diretrizes que impregnam todo o funcionamento não só do Estado, mas, e principalmente, da própria sociedade brasileira". José Afonso da Silva (2005) deteve-se a analisá-los, propondo a seguinte discriminação:

a. PRINCÍPIOS RELATIVOS À EXISTÊNCIA, FORMA, ESTRUTURA E TIPO DE ESTADO: *República Federativa, soberania, Estado democrático de direito (art. 1º);*

b. RELATIVOS À FORMA DE GOVERNO E À ORGANIZAÇÃO DOS PODERES: *República e separação de poderes (art. 1º e 2º);*

c. RELATIVOS À ORGANIZAÇÃO DA SOCIEDADE: *princípio da livre organização social, de convivência justa e da solidariedade (art. 3º, I);*

d. RELATIVOS AO REGIME POLÍTICO: *da cidadania, da dignidade da pessoa, do pluralismo, da soberania popular, da representação política e da participação popular direta (art. 1º, parágrafo único);*

e. RELATIVOS À PRESTAÇÃO POSITIVA DO ESTADO: *da independência e do desenvolvimento nacional, da justiça social e da não discriminação (art. 3º, II, III e IV);*

f. RELATIVOS À COMUNIDADE INTERNACIONAL: *da independência nacional, do respeito dos direitos fundamentais da pessoa humana, da autodeterminação dos povos, da não intervenção, da igualdade dos Estados, da solução pacífica dos conflitos e da defesa da paz; do repúdio ao terrorismo e ao racismo, da cooperação entre os povos e o da integração da América Latina (art. 4º).* (Silva, 2005, p. 94, grifo nosso)

Destacaremos a seguir os princípios do Estado brasileiro que o texto constitucional, de maneira expressa, apontou como sendo seus próprios fundamentos (art. 1º, I a V).

Retrato de Ruy Barbosa

Ruy Barbosa, por ocasião da Constituinte de 1890, assim declarou: "eu era federalista antes de ser republicano. Não me fiz republicano senão quando a evidência irrefragável dos acontecimentos me convenceu de que a monarquia se incrustara irredutivelmente na resistência à federação".

a) República Federativa

A locução *República Federativa do Brasil* reflete, a um só tempo, a opção política do legislador constituinte por um regime de governo (governo republicano) e por uma forma de Estado (Estado federativo).

De início, a ideia de República (do latim *res publica* – coisa pública) foi uma oposição ao regime monárquico, no qual tudo pertencia ao rei, que governava como bem lhe aprouvesse, de forma vitalícia e, via de regra, com a certeza de que o poder se transmitiria hereditariamente.

Portanto, por origem, a República tirou o poder das mãos do rei, colocando-o nas mãos da nação. Há que se dizer, no entanto, que, em relação a esses primórdios, o conceito de República atualmente perdeu muito de seu significado, pois as monarquias atuais já não têm todas as prerrogativas de mando efetivo como tinham no passado.

Para Gomes Canotilho (2002, p. 224) República traduz a ideia de "uma comunidade política, uma unidade coletiva de indivíduos que se autodetermina politicamente por meio da criação e manutenção de instituições políticas próprias assentes na decisão e participação dos cidadãos no governo dos mesmos (*self-government*)".

A representatividade é uma das mais fortes características do princípio republicano. Ruy Barbosa, ao comentar a Carta de 1889, proclamou que a tripartição de poderes não bastava por si só para caracterizar a República, sendo inarredável que os Poderes Legislativo e Executivo derivassem da vontade dos cidadãos, estipulando que o voto é mecanismo indispensável à legitimação do exercício dos poderes de controle e de administração da *res publica* (coisa pública).

Independentemente das reminiscências históricas que o conceito traga, a República só se constrói e justifica como um projeto coletivo em permanente renovação. Fundamentado na soberania popular e no exercício da cidadania, esse princípio reclama a temporariedade dos mandatos eletivos (em detrimento da vitaliciedade), bem como a prestação de contas, a fiscalização e o controle da administração pública.

Associada ao princípio republicano, a Constituição Federal acosta à forma federativa de Estado, cuja ideia moderna originou-se na Convenção da Philadelphia (1787), quando as treze colônias inglesas resolveram abrir mão de uma parcela da soberania que tinham para constituir um novo Estado. Celso Ribeiro Bastos (2000, p. 155) define que "a federação é a forma de Estado pela qual se objetiva distribuir o poder, preservando a autonomia dos entes políticos que a compõem". Saliente-se que os estados-membros (e, para nós, os municípios) do Estado Federativo têm a autonomia que a Constituição lhes reserva, guardado o dístico da soberania à União.

Curiosidades

Almanaque Gaúcho

Conforme nota publicada no jornal *Zero Hora* (2007, p. 46), na página intitulada *Almanaque Gaúcho*, a família de Ruy Barbosa não se conforma com a grafia que tem sido dada ao nome de seu ilustre antepassado. Com a reforma ortográfica de 1943, quando as letra *y*, *w* e *k* foram abolidas do alfabeto, o nome do político baiano passou a ser escrito como Rui. Para o bisneto Alfredo Ruy Barbosa, a reforma não pode abolir grafias consagradas. Alfredo acha que seu bisavô tem direito ao ípsilon.

Pode-se dizer que o mais característico traço do federalismo brasileiro é o fato de ser exercida sobre as mesmas pessoas em um dado território, de maneira harmônica e simultânea, a ação pública de três governos distintos, que repartem suas competências, a saber: o governo federal, o governo estadual e o governo municipal. A Carta de 1988 atribuiu, assim, uma dimensão trilateral ao modelo pátrio, inserindo os municípios na organização político-administrativa da República e alterou significativamente a nossa tradição dual (União e estados-membros) de federação, distanciando-se, também, do que vige em outros países do mundo.

b) Soberania

A análise etimológica do termo demonstra que, na língua latina antiga, *soberanus* servia a indicar o superlativo de *super*, no sentido mesmo daquilo que "está por cima", sobre todas as demais estruturas.

Retrato de Jean Bodin

Jean Bodin (também conhecido como *Bodino, Baudin* ou *Bodinus*) foi um jurista francês considerado o precursor do mercantilismo. Em sua obra mais importante, intitulada *De la République* (1576), definiu o conceito de soberania e sustentou a organização política republicana.

Jean Bodin é tido como o *teórico da soberania*, tendo sido o primeiro a enunciar esse conceito. Segundo ele, soberania é o poder abstrato e perpétuo do Estado, o supremo poder (*summa potesta*) sobre cidadãos e súditos. Saliente-se que é poder não limitado à lei, mas consistente na faculdade de fazer a lei e obrigar por seu intermédio. Desde tal perspectiva, a soberania é um direito e a obediência, um dever.

Concebida como atributo fundamental do Estado e fundamento conceitual deste, a soberania talvez não precisasse sequer ser mencionada[a] no texto constitucional, uma vez que não há propriamente Estado se não lhe for reconhecida a soberania como indicação de sua supremacia no tocante à ordem interna e à independência (não subordinação) no plano internacional.

Todavia, vale lembrar que os Estados têm se tornado cada vez mais interdependentes em face da internacionalização da vida econômica, social e cultural dos povos, o que tem reduzido efetivamente sua capacidade de autodeterminação. Essa conjuntura torna-se evidente quando lembradas questões cruciais que estão em nossa agenda cotidiana, tais como as que envolvem a preservação do planeta. É que avultam em importância exigências mútuas relacionadas à convivência de Estados soberanos que precisam decidir de maneira convergente e em prol da sobrevivência de todos os povos.

c) *Separação (tripartição) de poderes*

Já se disse que o poder é, talvez, a forma mais sensível e imediata com a qual nos deparamos com o Estado ou, na célebre expressão adotada por Ihering, que "Estado é força" e que a Constituição é a regulação jurídica do Poder.

---

a. Nesse sentido, ver José Afonso da Silva (2005, p. 104).

Retrato de Montesquieu

Retrato Falado

Montesquieu (1689-1775) é autor da obra *O espírito das leis* (1748), famosa pela teoria da tripartição dos poderes do Estado. Porém, não se deve falar em *separação de poderes*, pois há de ser reconhecida uma imbricação de funções e a interdependência entre o Executivo, o Legislativo e o Judiciário.

Exatamente dessas acepções primeiras decorre percebermos que o poder estatal é o que unifica as forças de seus órgãos, sendo, pois, princípio básico e estruturante de toda a ordem jurídica.

Platão e Aristóteles diziam que o Estado tem a cumprir, essencialmente, três funções diferentes, quais sejam: a legislativa, a judiciária e a executiva. Na famosa obra do Barão de Montesquieu (Charles-Louis de Secondat e senhor de La Brède), *O espírito das leis*, o princípio da tripartição dos poderes propôs de forma sistematizada uma teoria de descentralização que se contrapunha à concentração de poder típica da monarquia absoluta.

A partir disso, vale dizer que, sob os parâmetros do pensamento político contemporâneo, tais papéis ascenderam à posição de pressupostos do Estado democrático de direito, na forma dos três poderes harmônicos e independentes entre si que formam o Estado[b].

Todavia, não há que se diga que a tripartição de poderes tenha efetivamente, sequer em Montesquieu, a cientificidade que a caracterizaria como fórmula inegável da composição e da organização do exercício do poder no Estado. Aliás, bem lembra Ferreira Filho (2005, p. 134) que, "em meados do século XVIII, na época em que Montesquieu escreveu sua obra, não havia mais na Grã-Bretanha a separação nos termos em que a descreve, pois o parlamentarismo – que elimina a independência do executivo em relação ao legislativo – já a esse tempo se praticava naquele país". Teve, no entanto, o prestimoso papel de colaborar na composição de governos moderados.

Atualmente, a divisão funcional do poder, como técnica que propõe a repartição de seu exercício por órgãos diferentes e independentes, mas não autônomos, reclama uma séria revisão dos seus conceitos primeiros, fazendo-se necessário e urgente que nos dediquemos a reler aqueles clássicos e a refletir sobre uma prática constitucional que descobre, consoante ao sistema de partidos, que a separação de poderes

---

b. A Declaração dos Direitos do Homem e do Cidadão, aprovada no dia 26 de agosto de 1789, na França, estipula que "toda a sociedade que não assegura a garantia dos direitos nem determina a separação dos poderes não tem Constituição" (*Toute société dans laquelle la gaarantie des droits n'est pás assurée, ni la separation des pouvoirs déterminée, n'a point de constitution*). (Declaração dos Direitos do Homem e do Cidadão de 1978, 2012)

pode se reduzir à mera aparência. E é assim porque, via de regra, os meandros da política acabam por enfeixar o poder nas mãos de um mesmo grupo – Executivo e a maioria do Legislativo. Andreas Krell (2000, p. 29) aduz parecer-lhe

> *cada vez mais necessária a revisão do vetusto dogma da separação dos poderes em relação ao controle dos gastos públicos e da prestação dos serviços sociais básicos no Estado social, visto que os Poderes Legislativo e Executivo no Brasil se mostram incapazes de garantir um cumprimento racional dos respectivos preceitos constitucionais.*

Karl Loewenstein (1957), por sua vez, na obra *Political Power and the Governmental Process*[c], renova a teoria da separação de poderes, declarando que, embora não seja de todo má a ideia clássica, esta fica ultrapassada perante a configuração de um Estado "assistencialista". Nesses passos, através de sua perspectiva atualizadora, a ação governamental já não se configura pela mera execução de leis genéricas e abstratas que pretendem representar a vontade geral da nação. O autor preconiza a necessidade de que a ação do Estado tenha uma direção unificada, a qual denomina *liderança política*. Com essas novas diretrizes, a legislação reflete a direção política da nação, sendo o Executivo e o Legislativo não mais funções distintas, porém somente "diferentes técnicas de liderança".

---

c. Publicada em 1957 pela Universidade de Chicago e republicada em alemão (Universidade de Tübingen) numa edição revista e ampliada com o título *Verfassungslehre*, em 1975.

d) Estado democrático de direito

O princípio democrático está insculpido no art. 1º, parágrafo único, da Constituição, o qual determina que "Todo o poder emana do povo, que o exerce por meio de representantes eleitos ou diretamente, nos termos desta Constituição".

A democracia, como realização de valores tão caros à convivência humana, como igualdade, liberdade e dignidade da pessoa humana, é um conceito mais abrangente que *Estado de direito*, conforme ensina José Afonso da Silva (2005, p. 112), eis que este surgiu como expressão jurídica da democracia liberal. A ideia de Estado democrático é uma força conducente à transformação da realidade social. Os princípios do Estado democrático operam não só a ordenação do Estado em torno de regras e procedimentos que contrapõem o arbítrio e a prepotência, como também articulam a sociedade em torno dos ideais da igualdade e da liberdade e da concretização de uma vida digna ao ser humano.

Celso Ribeiro Bastos (2000, p. 146) preleciona que o Estado democrático de direito resulta de dois princípios acolhidos por nossa Constituição, quais sejam: o (1) Estado de direito, velho e formal, que se resume na submissão às leis, sejam elas quais forem, e o (2) Estado democrático, representando um conceito dinâmico em constante aperfeiçoamento, em que são perseguidos certos fins e observados determinados valores que fomentam a participação política e o papel prospectivo da lei na reestruturação da sociedade.

Decorrente de um conceito tipicamente liberal, o Estado de direito sustentava-se em três pilares básicos, a saber: a submissão ao império da lei; a divisão de poderes e a garantia a direitos fundamentais enunciados. Todavia, quer como Estado liberal, quer como Estado social, nem sempre pôde ser caracterizado como democrático.

Dissemos antes que a história é pródiga em contar as barbáries praticadas tanto pelo fascismo quanto pelo nazismo, ambos regimes declaradamente submetidos à lei.

A concepção clássica de um Estado "neutro", em que súditos convertidos em cidadãos tinham a seu favor a enunciação de determinados direitos e, sobretudo, haviam sido "declarados iguais" por força da lei, demonstrou-se insuficiente aos ideais da democracia e da justiça sociais.

Na lúcida visão de Ferraz Júnior, Diniz e Georgakilas (1989, p. 57), a concepção de Estado democrático de direito reúne os componentes da liberdade-autonomia e da liberdade-participação:

> *De um lado, isto vem marcado pelo modo como se estendem os direitos políticos à sua máxima universalidade, aliados à plena extensão dos direitos sociais, econômicos e culturais. De outro, pelo empenho em se evitar que, no modo como se adquirem numa sociedade pluralista tais direitos, venha o seu exercício cingir-se e esgotar-se no mero jogo de classes dominantes. Seus efeitos, assim, não devem se produzir apenas frente ao Estado, mas em relação aos particulares; na relevância da sociedade civil deve-se ver o reconhecimento de que o controle da legitimidade constitucional não é a expressão de uma fiscalização puramente orgânica, mas também uma tarefa comum, que deve fazer da Constituição uma prática e não somente um texto ao cuidado dos juristas; a participação, não apenas do Legislativo, do Executivo, do Judiciário mas também do cidadão em geral, na concretização e na efetivação dos direitos, é uma peça primordial do seu contexto democrático-social legítimo.*

José Afonso da Silva (2005, p. 106) traz a lume as ideias de Elías Diáz, que vê o Estado democrático de direito como uma renovada fórmula institucional, por meio da qual, atualmente, e sobretudo num futuro próximo, será possível concretizar a convergência das concepções atuais de democracia e de socialismo. E, por fim, ressalta que não se trata da união pura e simples, formal, dos conceitos de *Estado de direito* e de *Estado democrático*. Vai mais além, configurando-se como verdadeira transformação no *status quo* do conceito de Estado.

e) Cidadania

Eis aqui uma "palavra da moda", recorrente nos discursos políticos e nas reivindicações sociais. É usual no Brasil que se use a palavra *cidadão* para indicar qualquer nacional, sendo mais propriamente a nacionalidade o *"status"* do indivíduo natural de determinado Estado.

Em sua origem, o conceito de cidadania tem raízes na cidade e se correlaciona ao fato de os seus habitantes terem direito à participação política. Assim, em uma definição clássica, representa a "qualidade de cidadão" e abrange os direitos a participar das decisões políticas que o Estado reconhece àqueles que vivem em seu território. Daí que cidadão pleno, nessa visão tradicional, é quem pode VOTAR (cidadania ativa) e SER VOTADO (cidadania passiva).

Não é preciso dizer que essa definição é insuficiente aos dias de hoje, na medida em que o conceito atual de cidadania está ligado à estruturação do Estado moderno: as pessoas são cidadãs de um país, não de uma cidade. O cidadão, como sujeito político, é alguém que possui não só direitos civis e sociais, mas também direitos de participação política. Assim, a cidadania é o *status* de nacional acrescido de direitos políticos[d].

---

d. Nesse sentido, ver Ferreira Filho (2005, p. 114).

Por força do que dispõe a Constituição Federal, em nosso país, todo nacional que não esteja prestando serviço militar obrigatório (art. 14, § 2º), tenha, no mínimo, 16 anos de idade e não esteja privado de forma temporária ou definitiva de seus direitos políticos (art. 15) pode obter a condição de cidadão ativo e alistar-se como eleitor, sendo permitido aos portugueses com residência fixa permanente no Brasil que se alistem como eleitores (art. 12, § 1º), se tal igualdade for dada aos brasileiros naquele país (reciprocidade). Essas regras derivam diretamente do princípio democrático anteriormente abordado (art. 1º, parágrafo único).

Do exame atento do art. 15 da Constituição Federal, o qual trata das situações que acarretam a perda ou suspensão dos direitos políticos, pode-se depreender o que segue:

1. Perde de maneira definitiva os direitos políticos e, por decorrência, o *status* de cidadão ativo e passivo aquele que, por sentença em relação à qual não caiba mais recurso algum, tenha tido cancelada a sua naturalização.
2. Igualmente, tais direitos são perdidos definitivamente por aquele que se recusar a cumprir obrigação, encargo ou serviço impostos a todos os brasileiros e também se negar a prestar obrigação alternativa fixada em lei (arts. 5º, VII, e 143).

Ficam temporariamente privados dos direitos políticos:

1. a pessoa absolutamente incapaz (art. 15, II), ou seja, os que possuírem enfermidade ou doença mental que os impeça de discernir seus atos e, também, aqueles que, por causas transitórias, não puderem exprimir a própria vontade (Código Civil Brasileiro, art. 3º).

Vale dizer que, como estamos nos referindo à privação de direitos políticos, ninguém poderia sofrer suspensão dos direitos que nunca teve. Logo, os tribunais já assentaram jurisprudência[e] quanto a se tratar aqui da incapacidade decorrente da interdição declarada pelo Poder Judiciário, ou seja, incapacidade absoluta superveniente, como efeito secundário da sentença que decreta a interdição.

2. aquele que sofre condenação criminal, enquanto perdurarem os efeitos desta (art. 15, III), sendo autoaplicável essa disposição, dispensadas quaisquer formalidades ou mesmo que a sentença manifeste de maneira expressa a consequência.
3. o indivíduo condenado por improbidade administrativa (art. 15, V).

José Afonso da Silva (2005, p. 385), mesmo criticando a redação dada ao parágrafo 4º do art. 37 da Constituição Federal, menciona ser a primeira vez que a improbidade administrativa torna-se causa de suspensão dos direitos políticos em nosso país. O mencionado artigo determina, expressamente, que "os atos de improbidade administrativa importarão a suspensão dos direitos políticos, a perda da função pública, a indisponibilidade dos bens e o ressarcimento ao erário, na forma e gradação previstas em lei, sem prejuízo da ação penal cabível". Para o autor, a improbidade diz respeito à prática de ato prejudicial ao patrimônio público, "cuida-se de uma imoralidade administrativa qualificada pelo dano ao erário e correspondente vantagem ao ímprobo".

---

e. O termo *jurisprudência* pode ser definido como o conjunto de decisões judiciais em um mesmo sentido. Costuma-se dizer que, quando os tribunais decidem reiteradas vezes da mesma maneira sobre determinado assunto, formou-se jurisprudência. Por outro lado, embora não seja esta a definição técnica e apropriada, o senso comum tem difundido um alargamento do uso da palavra para abarcar toda e qualquer decisão judicial.

A aquisição do *status* de cidadão ativo (eleitor) é pressuposto para a cidadania passiva, sendo a elegibilidade o outro lado da moeda do princípio democrático. Os analfabetos são inelegíveis, embora possam optar pelo alistamento eleitoral e votar (art. 14, § 1º, II, *a*, e § 4º).

A idade também é critério de elegibilidade, podendo o cidadão ser candidato à Presidência e Vice-Presidência da República e ao Senado Federal aos 35 anos; ao governo dos estados (e vice-governo) aos 30 anos; à Câmara dos Deputados e prefeituras (e vice) aos 21 anos, e à vereança aos 18 anos. A cidadania passiva plena não é alcançada jamais pelos estrangeiros, exceto os portugueses quando houver reciprocidade aos brasileiros em Portugal.

Não cabe neste estudo, em que se procura apontar tão somente fundamentos do direito constitucional, que abordemos detidamente as inelegibilidades. Todavia, vale consignar que o fundamento para que existam impedimentos à capacidade eleitoral passiva reside na intenção de proteger a própria democracia, impedindo o uso abusivo dos cargos públicos e zelando por condições normais e legítimas à eleição. A Constituição Federal define diversas hipóteses de inelegibilidade, entre as quais, apenas com o propósito de trazê-las a lume, pode-se citar:

a. não possuir domicílio eleitoral na circunscrição (art. 14, § 3º, IV);
b. não estar filiado a nenhum partido (art. 14, § 3º, V);
c. estar exercendo determinados cargos (art. 14, § 6º);
d. ter parentesco ou vínculo conjugal com pessoas que exerçam determinados cargos (art. 14, § 7º).

Além das hipóteses previstas na Constituição Federal (estas e outras), o parágrafo 9º do art. 14 admite que lei complementar regule a matéria, ampliando os casos de inelegibilidade e definindo os prazos de sua cessação.

f) Dignidade da pessoa humana

Sobre a dignidade da pessoa humana, este princípio-valor ao qual remontam vários dos direitos fundamentais e o fundamento máximo da organização jurídica do Estado democrático de direito por excelência, trataremos em capítulo próprio logo a seguir.

g) Valores sociais do trabalho e da livre iniciativa

Ao dispor que os valores sociais do trabalho e da livre iniciativa fundamentam a ordem econômica no Brasil (art. 170), a Lei Maior consagra uma economia de mercado que tem índole capitalista, alçando esses dois valores à condição de "pedra de toque" da economia.

Haja vista que, para a imensa maioria das pessoas, o próprio trabalho é a única e real fonte de sustento, o princípio constitucional da valorização do trabalho pode ser considerado, basicamente, uma proteção humanística ao trabalhador. Trata-se de sobrepujar sua dimensão material como fator de produção, reconhecendo que a ordem econômica do Estado se funda na valorização do trabalho com o fim de assegurar a todos uma existência digna (art. 170). Afinal, o trabalho não interessa tão somente ao indivíduo, mas à sociedade como um todo, sendo base da ordem social sua primazia (art. 193).

A valorização da livre iniciativa é a outra face dessa moeda que vale muito mais que dinheiro. Nogueira da Silva (2003, p. 454), ao analisar a inclusão dos valores sociais do trabalho e da livre iniciativa no art. 1º, IV, da Constituição Federal, estabelece um paralelo entre os dois: "o ato empreendedor de atividades e o ato participador de atividades; o ato criador de empreendimentos e o ato colaborador e executor de empreendimentos", referindo-se à destinação social que devem ter o trabalho e o capital.

Contextualizada no seio de uma Constituição que pretende estar adequada aos ditames da justiça social (art. 170), a livre iniciativa não pode ser entendida apenas como liberdade de gestão e de empresa. É, também, liberdade de trabalho, que se realiza por meio do amplo leque das formas de produção individuais ou coletivas.

Todavia, mesmo que a Constituição pretenda que convirjam a uma mesma dimensão, tais forças (trabalho e capital) não se confundem ou equiparam. Assegurar às pessoas uma existência digna, conforme os ditames da justiça social, não é tarefa fácil num sistema de base capitalista que é, em sua essência, individualista (Silva, 2005, p. 789).

Na obra intitulada *Teoria da justiça*, John Rawls (2005, p. 62) resume sua concepção geral de justiça social sustentando que "todos os bens sociais primários – liberdade e oportunidade, rendimentos e riquezas e as bases do autorrespeito – devem ser distribuídos igualmente, exceto se uma distribuição desigual de algum ou de todos esses bens for em benefício do menos favorecido"[f]. Vê-se, pois, que a justiça social apenas se realiza se houver distribuição igualitária de riqueza. A Constituição Federal estabeleceu um conjunto de direitos sociais que, se eficazmente realizados, podem tornar menos abstrata a ideia de justiça social.

É bem verdade que os direitos sociais, como instrumentos aptos a reequilibrar as forças da sociedade e tutelar os menos favorecidos, não têm ainda a eficácia necessária, porém cabe reconhecer, exercer e respaldar esses mecanis-

---

f. Tradução livre da autora do original em inglês: "*All social primary goods – liberty and opportunity, income and wealth, and the bases of self-respect – are to be distributed equally unless an unequal distribution of any or all of these goods is to the advantage of the least favoured*" (Rawls, 2005, p. 62).

mos na – e pela – Constituição Federal de 1988 e, por meio dela, operar da melhor maneira possível a submissão da ordem econômica aos ditames da justiça social.

h) Pluralismo político

Não podem ser confundidos o pluralismo político e o pluripartidarismo, pois aquele pressupõe uma multiplicidade ideológica e filosófica não restrita aos partidos políticos legalmente organizados, incluindo a expressão política dos sindicatos, das igrejas, das faculdades etc. O pluripartidarismo, por sua vez, diz respeito exclusivamente aos partidos constituídos conforme as estipulações da lei e registrados no cartório de registro civil de pessoas jurídicas e no Tribunal Superior Eleitoral. Todavia, embora o pluralismo político não se subsuma ao pluripartidarismo, pode-se identificar uma correlação entre as duas ideias, no sentido de que, via de regra, o primeiro acaba por conduzir a sociedade ao segundo.

No Brasil, sob a égide da Constituição de 1946, floresceu um pluripartidarismo no qual despontavam como partidos de âmbito nacional o PSD (Partido Social Democrático, definido como de centro), a UDN (União Democrática Nacional, de direita) e o PTB (Partido Trabalhista Brasileiro, de esquerda). Pelo Ato Institucional nº 2, de 27 de outubro de 1965, estabeleceu-se o sistema bipartidário imposto pelo Regime Militar, representado pela Arena (Aliança Renovadora Nacional), governista, e pelo MDB (Movimento Democrático Brasileiro), oposição.

Em 1988, a eleição do pluralismo político como um dos fundamentos da República brasileira adveio diretamente daquele passado recente de nosso país, mais especificamente da superação do autoritarismo que vigorou durante o período de 1964 a 1985. Pode-se dizer, então, que surgiu como reação legítima ao exclusivismo e à hegemonia antes vigorante, como expressão de reconhecimento da diferença, da diversidade e, por que não dizer, da própria contrariedade.

A ideia contida nesse fundamento impulsiona a existência de uma pluralidade de partidos políticos com idênticos direitos de participação na vida política do Estado, submetendo-os ao regramento jurídico legitimamente estabelecido para o exercício político. Assim, o Brasil se opõe à doutrina do partido único porque ela é filha dileta dos sistemas ditatoriais.

Os princípios até aqui estudados não esgotam o elenco daqueles que são considerados fundamentais na Carta de 1988. Todavia, apontam um norte à estruturação do Estado brasileiro e, juntamente com os demais mencionados na introdução deste capítulo, compõem um título específico na Constituição de 1988, podendo ser encontrados, referidos ou refletidos direta ou indiretamente em outras passagens da Constituição.

Atividades

1. Em relação ao princípio federativo no Brasil, é válido dizer que:
   a. distribui, igualmente, o poder entre a União e os estados da federação.
   b. o federalismo brasileiro é atípico, eis que trilateral, conciliando a ação pública da União Federal, dos estados da federação e dos municípios.
   c. desde a origem da federação no Brasil, mantém-se a tradição dual, ou seja, caracteriza-se a federação pelo fato

de serem exercidos sobre as mesmas pessoas em um dado território, de maneira harmônica e simultânea, os poderes da União e dos estados membros.
d. As alternativas "a", "b" e "c" estão corretas.
e. Nenhuma das alternativas está correta.

2. Marque a alternativa correta sobre o princípio da soberania:
   a. É absoluto e inquestionável, cabendo a cada país, de maneira independente e soberana, decidir os destinos de seu povo e os usos de seu território.
   b. Não existe Estado se não houver supremacia e independência, sendo ambas atributos da soberania.
   c. A soberania de um país se esgota onde começa a soberania de outro. Assim, ninguém depende de ninguém no plano internacional, cabendo a cada Estado o exercício interno de um poder absoluto que não se submete ao que quer que seja.
   d. As alternativas "a", "b" e "c" estão corretas.
   e. Todas as alternativas estão incorretas.

3. Marque a alternativa que melhor define a expressão *Estado democrático de direito*:
   a. Representa as bases filosóficas do Estado liberal.
   b. Traduz uma evolução do conceito de Estado de direito, típico do liberalismo, na medida em que vem revestida de uma formulação renovada para o papel do Estado contemporâneo.
   c. É típica das Constituições outorgadas.
   d. É típica das Constituições rígidas.
   e. Todas as alternativas estão corretas.

4. Em seu mais renovado sentido, ser cidadão é:
   a. ser natural de um Estado, ter nascido nele.
   b. ter o direito de votar e ser votado.
   c. ser sujeito político, tendo direitos civis, sociais e de participação política, além, é claro, de cumprir deveres.
   d. uma condição política e jurídica que não possuem os analfabetos.
   e. Nenhuma das respostas anteriores está correta.

5. Pluralismo político é um conceito:
   a. vago e, por essa razão, impróprio para estar em uma Constituição.
   b. que significa a existência de um grande número de partidos políticos em um país.
   c. típico do regime militar que vigorou no Brasil após o Golpe de 1964.
   d. abrangente, que representa a admissão da multiplicidade ideológica e filosófica como expressão do reconhecimento da diversidade, do respeito ao ser humano e da aceitação de suas diferenças.
   e. Nenhuma das respostas anteriores está correta.

(5)

Dignidade da pessoa humana
como princípio-valor guia
da ordem constitucional

Muito embora a dignidade da pessoa humana esteja compreendida entre os princípios fundamentais contidos nos incisos I a V do art. 1º da Constituição Federal (Brasil, 1988) e, portanto, pudesse ser abordada no capítulo anterior, preferimos trazê-la a estudo autônomo em capítulo apartado. Deve-se isso à singular importância que identificamos nesse verdadeiro princípio-valor. Vejamos sobre isso a seguir.

Para Jorge Miranda (1993, p. 166), a Constituição confere uma unidade de sentido, de valor e de concordância prática ao sistema de direitos fundamentais. Essa unidade de sentido repousa na dignidade da pessoa humana, que é fundamento e fim da sociedade e do Estado.

É importante fazer constar que as reflexões de Miranda consideram o fato de a dignidade da pessoa humana reportar-se a todas e cada uma das pessoas, como atributo da pessoa individual e concreta, a qual, ainda que viva em relação comunitária, possui uma dignidade que é dela mesma e não da situação em si. Trata-se, então, da dignidade da pessoa na sua vida real e cotidiana e não de um ser ideal e abstrato. Aquele autor (Miranda, 1993, p. 169) ensina que, enquanto a expressão *dignidade da pessoa humana* dirige-se ao homem concreto e individual, a expressão *dignidade humana* é entendida como qualidade comum a todos os seres humanos ou como conjunto que os engloba e ultrapassa.

Para adentrarmos no tema, compreendendo um tanto de sua amplitude, cabe assentar que a palavra *pessoa* – com raízes etimológicas no termo latino *persona*, que designa a máscara usada por atores em apresentações teatrais do passado – alargou-se para abranger a posição do cidadão romano na vida jurídica, como sujeito de direitos e obrigações. Vandick Londres da Nóbrega (1961, p. 128) ensina que, no direito romano, originalmente o termo *persona* era usado como equivalente a *homo*[a] e não como titular de direito. Por isso, os escravos, em um primeiro momento, eram considerados *personae* e *res*. Posteriormente, foram excluídos da categoria de *personae* e eram denominados *personae vice* (aquele a quem cabe cumprir ordens, executar). Eis que passou a ser

---

a. Os romanos não negavam a condição de ser humano (*homo*) aos escravos, tanto assim que um homem livre poderia tornar-se escravo. A diferença entre ser escravo e ser livre não era da natureza, mas do direito, ao fato de alguém estar sujeito, mesmo que contra a natureza, ao domínio alheio.

necessário satisfazer uma série de condições e ter personalidade jurídica para ser pessoa (Girardi, 1997, p. 45).

Em muito nos desviaríamos de nosso tema se fôssemos investigar aqui a teoria dos direitos da personalidade. No entanto, provém desses estudos que reconheçamos à pessoa humana, tomada em si mesma e em suas projeções na sociedade, alguns direitos inafastáveis. A tais direitos, que Carlos Alberto Bittar (2004, p. 1) identifica como *direitos da personalidade*, admitimos posição singular diante de todos os demais direitos.

Otto von Gierke[b] construiu as premissas de um direito geral da personalidade, mas, ainda antes disso, reconheça-se ao direito civil romano o mérito de ter construído o conceito jurídico de personalidade, o qual, em linhas gerais, representa a possibilidade de ser "sujeito de direito", estar apto a determinadas ações no plano jurídico, ter direitos e, obviamente, deveres (Ruiz, 1998). Essa foi, segundo Dotti (1990, p. 8), "uma contribuição notável na grande aventura dos Direitos do Homem".

Ocorre que muitos dos direitos fundamentais – mas não todos – são direitos da personalidade, e estes últimos serão tidos aqui como essenciais à pessoa, inerentes a ela e, em princípio, não patrimoniais.

Recorremos à designação algo simplista de Antunes Varela (1945, p. 187) para consignar que "são direitos da personalidade os que se referem à própria pessoa humana" e dizem respeito a bens como a vida, o nome e a honra

---

b. Conforme refere Blanca Rodríguez Ruiz (1998, p. 4), Gierke elaborou uma noção ampla do mencionado *direito geral da personalidade* para destacar a dimensão pessoal e não apenas patrimonial de alguns direitos. Segundo Ruiz, tal ideia não foi plenamente exitosa no direito positivo alemão, mas logrou influir na interpretação de alguns artigos do Código Civil (B.G.B.), tais como os arts. 226, 823 e 826.

das pessoas, estendendo ao sujeito uma garantia de domínio sobre aspectos essenciais da própria personalidade, concedendo-lhe um certo poder para resguardá-la, protegê-la, de forma a compor uma larga esfera identificada com o que vem sendo chamado de *direito ao livre desenvolvimento da personalidade* (Canotilho, 1998, p. 362). Cabe ainda ser dito que esses direitos são "dotados de certas particularidades, que lhes conferem posição singular no cenário dos direitos privados, de que avultam, desde logo, as seguintes: a intransmissibilidade e a irrenunciabilidade" (Bittar, 2004, p. 5).

Estamos nos referindo a um conjunto de direitos subjetivos que incidem sobre a própria pessoa ou sobre alguns essenciais modos de ser, físicos ou morais, dessa personalidade.

Miguel Ángel Alegre Martínez (1996, p. 28) afirma que a dignidade está relacionada à ideia de personalidade. Assim, ninguém pode atentar contra a personalidade vulnerando os direitos invioláveis inerentes à pessoa em razão de sua dignidade, sendo invioláveis aqueles direitos cuja vulneração atente contra a personalidade ou seu desenvolvimento.

Na mesma linha do que fizeram Ernesto Benda et al. (1996, p. 118) ao analisarem o art. 1.1 da Lei Fundamental alemã (*Grundgesetz*)[c], é possível dizer que a alusão à existência desses direitos é consequência do que dispõe o art. 1º, inciso III, da nossa Constituição Federal, que reconhece o princípio fundamental da dignidade humana.

---

c. O art. 1.1 da Lei Fundamental alemã dispõe que "a dignidade do homem é inviolável. Todos os poderes do Estado estão obrigados a respeitá-la e protegê-la".

> *Curiosidades*
>
> A palavra *dignidade* tem raiz no termo latino *dignitas*, do adjetivo *dignus*, cuja origem está no verbo *decet* (decente). É atitude de respeito a si mesmo e aos demais, representando o reconhecimento de que todas as pessoas possuem características que as elevam acima dos demais seres.
>
> Esse tema teve especial relevo na *Gaudium et spes*, Constituição Pastoral promulgada em 7 de dezembro de 1965, sobre a Igreja no mundo atual, a quarta Constituição do Concílio Vaticano II. O capítulo I deste importante documento da Igreja Católica intitula-se "A dignidade da pessoa humana" e preceitua que "tudo o quanto existe sobre a Terra deve ser ordenado em função do homem, como seu centro e seu termo: neste ponto, existe um acordo quase geral entre crentes e não crentes".
>
> Fonte: A Santa Sé, 2008.

Não se afigura fácil a tarefa de oferecer uma definição de algo tão substancial à essência mesma da pessoa humana quanto a sua dignidade. Gonzalez Perez (1986, p. 111) alude ao fato de a doutrina não ter qualquer receio em confessar que o termo lhe escapa, que as formulações gerais são insatisfatórias, que a dignidade é uma noção e um corpo semântico relativamente pouco preciso. Assim, é cauteloso dizer que a determinação de quais comportamentos podem ser considerados lesivos à dignidade é algo que só se pode cumprir em um processo que pressupõe uma dada dimensão temporal e circunstancialmente definida[d]. E, aos que se inclinam por um conceito universal de dignidade, válido para todos, ilustramos, como faz Martínez (1996, p. 28), salientando que "uma determinada medida pode ir contra a dignidade de umas pessoas e não de outras".

Concordamos com o entendimento de que a dignidade da pessoa humana não pode ficar à mercê de ser reconhecida formalmente pelas leis e não se estreita no âmbito dos limites que possam vir a lhe ser fixados pelo direito[e]. Reconhecemos ao ser humano uma dimensão básica e transcendental que, no dizer de Immanuel Kant, o qualifica como *um fim em si mesmo* que é absoluto e incontingente ao mundo sensível e conduzido pela vontade de todo ser racional – tida como vontade legisladora universal. Isso é fundamento da dignidade da pessoa humana[f].

---

d. Tupinambá Miguel Castro do Nascimento (1997, p. 169) também expressa seu entendimento de que não existe medida certa que sirva como parâmetro para se preencher o significado de dignidade humana e que sempre deve ser considerado o momento em que se encontre.

e. Nesse sentido, ensina Miguel Ángel Alegre Martínez (1996, p. 23) que não se pode dizer que a dignidade da pessoa exista somente onde o direito a reconhece e na medida em que a reconhece, eis que a dignidade forma parte essencial da pessoa e, portanto, é prévia ao direito. Ou, para usar suas próprias palavras, "a dignidade não só é o que o direito diz que é".

f. Na edição portuguesa da *Fundamentação da metafísica dos costumes* (Coimbra, 1960, páginas 66 e seguintes), constam as seguintes palavras de Kant: "Age de tal maneira que uses a humanidade, tanto na tua pessoa como na pessoa de qualquer outro, sempre e simultaneamente como fim e nunca simplesmente como meio" (Citado por Jorge Miranda, 1993, p. 169, nota 2).

Retrato de Immanuel Kant

Para Immanuel Kant (1724-1804), filósofo alemão dos mais influentes, as coisas têm preço, enquanto as pessoas, estando acima de qualquer preço, possuem dignidade.

Para esclarecer esse posicionamento, optamos pela análise a seguir, no sentido de procurar melhor delineamento do que vem a ser a dignidade do homem e fixar, assim, um ponto de partida essencial à compreensão do universo dos direitos fundamentais.

Vejamos, inicialmente, que, na concepção de Kant, tudo tem um preço ou uma dignidade. As coisas têm preço e pode-se pôr, em vez delas, qualquer outra como equivalente, eis que têm apenas valor relativo. As pessoas, por outro lado, estão acima de qualquer preço, têm valor absoluto e, pelos atributos de sua natureza racional, têm dignidade.

Desde o reconhecimento da dignidade como o valor de uma maneira de pensar, um valor íntimo, intrínseco, não adstrito à utilidade ou à agradabilidade que determinadas coisas têm, mas consubstanciado no fato de o ser humano existir como um fim em si, pode-se dizer que, na perspectiva kantiana, a dignidade, atributo da racionalidade, é a derradeira condição capaz de fazer com que algo seja um fim objetivo. Assim, ninguém pode ser utilizado apenas como meio, eis que a sua dignidade, como pessoa, estabelece um limite, em certo sentido, a todo arbítrio, limite este que se traduz como restrição à vontade.

Tomemos por conta ainda que, segundo preleciona Fernando Ferreira dos Santos, a liberdade aparece como ponto fundamental de toda a reflexão ética de Kant e o Estado kantiano se caracteriza como instituidor e mantenedor do ordenamento jurídico como condição para a coexistência das liberdades externas. Assim, é de se dizer que, na filosofia de Kant, o fato de a pessoa possuir vontade lhe confere dignidade, ao tempo em que o limite de sua vontade é exatamente o fato de possuirmos, todos os seres humanos, dignidade, como valor absoluto, ínsito à racionalidade, em natural coexistência (Santos, 1999, p. 27).

Curiosidades

Direito positivo (*norma agendi*) é o conjunto de normas estabelecidas pelo poder político, as quais regulam a vida social de um povo em determinada época. É o ordenamento jurídico em vigor em um país em um dado período de sua história. Logo, esse conceito possui as dimensões temporal e circunstancial.

É correto afirmar que a dignidade, transportada para dentro das normas jurídicas (e, portanto, positivada), tornou-se o dever genérico que todos temos de respeitar direitos que são intrínsecos ao ser humano e também que, positivados na esfera constitucional de cada país, esses direitos são ditos fundamentais.

Segundo Sarlet (1998, p. 97), José Carlos Vieira de Andrade identifica os direitos fundamentais por seu conteúdo comum, baseado no princípio da dignidade da pessoa humana e concretizado pelo reconhecimento e positivação de direitos e garantias fundamentais. Perceba-se que existe, então, uma estreita relação entre o princípio da dignidade humana e os direitos fundamentais. Conforme Sarlet (2001, p. 87),

sendo correta a premissa de que os direitos fundamentais constituem – ainda que com intensidade variável – explicitações da dignidade da pessoa, por via de consequência, e ao menos em princípio, em cada direito fundamental se faz presente um conteúdo ou, pelo menos, alguma projeção da dignidade da pessoa.

Para o presente estudo, importa frisar desde logo que o princípio da dignidade da pessoa humana constitui uma espécie de valor-guia do ordenamento jurídico, uma vertente na qual têm raiz os direitos fundamentais (ou a expressão maior deles), ainda que possa ser diferente o grau de vinculação deles àquele princípio.

José Carlos Vieira de Andrade (1987, p. 102), nessa linha de raciocínio, coloca a dignidade na base de todos os direitos consagrados pela Constituição e diz que "alguns direitos constituem explicitações de 1º grau da ideia de dignidade", o que exemplifica com os direitos à vida, à liberdade física ou de consciência e com a generalidade dos direitos pessoais, os quais são, segundo diz, "atributos jurídicos essenciais da dignidade dos homens concretos". Outros direitos, prossegue o autor lusitano, são decorrentes ou completam aqueles "direitos fundamentalíssimos" como explicitações de 2º grau, tais como o direito de manifestação, a liberdade de imprensa, o direito às férias pagas, o direito à habitação e à saúde.

Retrato de Georg Herik von Wright

Georg Herik von Wright, filósofo e professor da Universidade de Cambridge, divide os conceitos em três grupos, a saber: CONCEITOS DEONTOLÓGICOS, que são os de mandado, proibição, permissão e do direito a algo; CONCEITOS AXIOLÓGICOS, que se caracterizam pelo fato de que seu conceito fundamental não é o de mandado ou dever-ser, mas o de bom; e CONCEITOS ANTROPOLÓGICOS, que são os de vontade, interesse, necessidade, decisão e ação.

FONTE: ALEXY, 1997B, P. 139.

Benda et al. (1996, p. 120) afirmam que a dignidade humana é originalmente um valor moral e que sua acolhida com caráter de mandado constitucional na Lei Fundamental implica sua aceitação como valor jurídico, como norma jurídica positiva. Os valores, por sua vez, tomados na divisão dos conceitos práticos de Von Wright, são tidos como conceitos axiológicos e trazem-nos a noção de que esse termo pode ser utilizado nas diferentes acepções de que algo "tem" um valor ou de que algo "é" um valor.

Assim, quem diz que algo "tem" um valor expressa um juízo de valor e procede a uma valoração, quer a determine de forma classificatória, comparativa ou métrica. Mais especificadamente, diremos estar trabalhando com um conceito classificatório de valor quando, por exemplo, expressamos que determinada coisa é boa ou má, eis que, nesses parâmetros, só se poderá dizer se algo tem valor positivo (é bom) ou negativo (é mau). Os conceitos comparativos, por outro lado, hão de expressar que uma coisa tem um valor superior ao de outra ou que ambas têm o mesmo valor. Alexy (1997b, p. 142) cita como exemplo enunciados valorativos tais como "a Constituição X é melhor que a Constituição Y" ou "ambas as Constituições são igualmente boas". Sem sombra de dúvidas, as valorações mais exatas são sempre as que têm base no conceito métrico de valor, eis que, por exemplo, a valoração métrica expressa o valor de um bem por meio de uma soma em dinheiro.

Ora, ainda que a classificação mencionada ofereça opções diferenciadas para diversas dimensões do conceito de valor, prendem-se estas às hipóteses de estarmos tratando de algo que "tem" valor e não de algo que "é" um valor.

Para responder à indagação sobre o que significa dizer que algo "é" um valor, Robert Alexy (1997b, p. 143-144) distingue objetos e critérios de valoração e diz que muitas coisas podem ser objeto de valoração e muitos podem ser os critérios. Para tais critérios, na hipótese de colisão entre eles, há de se estabelecer uma relação para se poder chegar a uma valoração total. Assim, de acordo com ele, "não são os objetos, mas os critérios de valoração que têm que ser designados como valor".

> *Caixa-preta*
> *Princípio da dignidade da pessoa humana*
> Como conceito axiológico ⟶ Valor (bom)
> Como conceito deontológico ⟶ Princípio (deve-ser)

A partir disso, podemos dizer que, segundo Alexy, citado por Santos (1999, p. 53), sob o ponto de vista dos valores, o princípio da dignidade da pessoa humana existe como conceito axiológico que orbita o espaço do bom, enquanto, sob o ponto de vista principiológico, existe como conceito deontológico na esfera do dever-ser. Desse prisma, os princípios são mandados de otimização que pertencem à esfera deontológica e compõem juízos de obrigação (o que é devido), enquanto os valores, como conceitos axiológicos que são, ensejam juízos de valor (o que é bom) (Santos, 1999, p. 54). Assim, é de ser dito que a dignidade da pessoa humana é princípio e é valor, pois admitir uma condição normativa à dignidade, como princípio constitucional fundamental, não afasta o seu papel como valor fundamental geral para o ordenamento jurídico, aliás, outorga-lhe maior pretensão de eficácia e efetividade.

O preâmbulo da Constituição Federal brasileira propugna pela instituição de um Estado democrático, destinado a assegurar o exercício dos direitos sociais e individuais, a liberdade, a segurança, o bem-estar, o desenvolvimento, a igualdade e a justiça como valores supremos da sociedade, e lança, no art. 1º, inciso III, a dignidade da pessoa humana como seu fundamento (Brasil, 1988).

Gomes Canotilho (1998, p. 219), ao escrever sobre os traços fundamentais da República portuguesa, identifica a dignidade da pessoa humana como esfera constitutiva da República daquele país, referindo que, para se buscar o sentido dessas bases, há de se tomar em conta o princípio material subjacente à ideia de dignidade, qual seja: "o princípio antrópico que acolhe a ideia pré-moderna e moderna da 'dignitas-hominis'". Em outras palavras, a ideia do indivíduo conformador de si próprio e da sua vida, de acordo com seu próprio projeto espiritual.

A afirmação do autor lusitano dirige-nos ao reconhecimento do indivíduo como limite e fundamento do domínio político do Estado e, nesse sentido, à percepção de que é o Estado que serve ao homem e não o homem que serve aos aparelhos político-organizatórios. Com imensa propriedade, Ernesto Benda et al. (1996, p. 124-125) referem que contradiz a dignidade humana converter o indivíduo em mero objeto da ação do Estado e que, ante as experiên- cias do Terceiro *Reich*, nunca mais o homem deverá ser reduzido à condição de objeto de um ente coletivo.

Trazidas essas ideias à análise da Constituição brasileira, parece-nos que também aqui cabe que demonstremos, exemplificativamente, que a vedação às penas de morte, de caráter perpétuo e de trabalhos forçados (art. 5º, XLVII, *a, b* e *c*, respectivamente) remonta à compreensão da dignidade da pessoa humana como limite e como fundamento da organização do Estado.

Por todo o dito, expressamos claro posicionamento no sentido de a dignidade da pessoa humana ser um princípio-valor fundamental à estruturação do Estado brasileiro. E, em concreto, isso há de representar que o Estado priorize o ser humano, na condição ímpar de pessoa humana, em todos os seus fins. Vale grifar: o Estado há de servir ao homem e não este ao Estado.

Intencionamos que tenham sido abundantemente esclarecidas as razões que nos levaram a reservar um capítulo inteiro ao estudo da dignidade da pessoa humana, dada a sua tão significativa condição de fundamento – primeiro – da República Federativa do Brasil.

Afinal, com raízes firmemente fincadas nesse princípio-valor, como já foi dito aqui, os direitos fundamentais, se não diretamente, pelo menos indiretamente, remontam ao reconhecimento da especial condição de dignidade que o ser humano tem.

Atividades

1. A dignidade da pessoa humana:
   a. é um princípio fundamental para a ordem jurídica brasileira.
   b. é uma ideia que busca concretizar-se na realidade de cada pessoa, no cotidiano dos indivíduos.
   c. relaciona-se à expressão *dignidade humana*, sendo esta uma qualidade comum a todos os seres humanos.
   d. reflete a ideia de a pessoa humana ser um valor, em vez de ter valor.
   e. Todas as opções estão corretas.

2. Quanto aos direitos fundamentais, pode-se dizer que:
   a. todos, com intensidade maior ou menor, têm relação com o princípio da dignidade da pessoa humana.
   b. o princípio da dignidade da pessoa humana está na raiz de todos os direitos fundamentais consagrados na Constituição.

c. o direito fundamental à liberdade de imprensa não tem relação com o princípio-valor da dignidade da pessoa humana.
d. As alternativas "a", "b" e "c" estão corretas.
e. Todas as alternativas estão incorretas.

3. Segundo o ponto de vista dos valores, o princípio da dignidade da pessoa humana traduz-se como:
   a. um conceito axiológico que pertence à noção de "bom".
   b. um conceito deontológico que diz respeito ao que "deve ser".
   c. uma valorização métrica.
   d. As alternativas "a", "b" e "c" estão corretas.
   e. Todas as respostas estão corretas.

(6)

Direitos fundamentais: terminologias, raízes históricas e dimensões (gerações)

Finalmente, vamos percorrer os caminhos da teoria dos direitos fundamentais, esse tema tão importante para o direito constitucional.

Desde o início, é preciso dizer que a opção terminológica pela expressão *direitos fundamentais* justifica-se pela abordagem que faremos à luz do direito constitucional positivo, sendo essa expressão utilizada em diversas constituições, tais como: no Capítulo I da Constituição alemã de 1949; na Lei Fundamental do Estado austríaco, de 21 de setembro de 1867 (Boletim Informativo do Império nº 142), sobre os direitos gerais dos cidadãos, em seu art. 1º; no art. 7º da Constituição da Bolívia, com as reformas de 1994; nos arts. 25 e seguintes (Capítulo II) da Constituição búlgara de 1991; nos arts. 11 e seguintes da Constituição da Colômbia de 1991, com as reformas de 2005; no Capítulo VII da Constituição de Cuba, com as modificações de 2002; nos arts. 96, 141 e 142 da Constituição do Equador de 1998; nos arts. 10 e seguintes (Título Primeiro) da Constituição espanhola de 1978; no art. 275 da Constituição da Guatemala de 1985, com as reformas de 1993; nos arts. 8º (2), 43 e 44 e Capítulo XII da Constituição da Hungria de 1949; no Capítulo I da Constituição dos Países Baixos de 2002; nos arts. 63 e 68 da Constituição do Paraguai de 1992; no Capítulo I da Constituição do Peru de 1993, com as reformas de 2005; nos arts. 12 e seguintes da Constituição portuguesa de 1976, com a revisão de 2005; nos arts. 3, 4, 87 e 112 da Constituição da República Tcheca de 1993, com as emendas de 2003; no Capítulo II da Constituição da Romênia de 1991, com a revisão de 2003; no Capítulo II da Constituição da Suécia, com as reformas de 1974.

(6.1)
Terminologias

De acordo com Gomes Canotilho (1998), as expressões *direitos do homem* e *direitos fundamentais* são frequentemente utilizadas como sinônimas. Mas com base em sua origem e significado, é possível distingui-las da seguinte maneira: "DIREITOS DO HOMEM são direitos válidos para todos os povos e em todos os tempos [...]; DIREITOS

FUNDAMENTAIS são os direitos do homem, jurídico-institucionalmente garantidos e limitados espaçotemporalmente" (Canotilho, 1998, p. 359, grifo nosso). Ainda, segundo o professor Ingo Wolfgang (Sarlet, 1998, p. 31), o termo *direitos fundamentais* refere-se àqueles direitos do ser humano "reconhecidos e positivados na esfera do direito constitucional positivo de determinado Estado". A expressão *direitos humanos*, por outro lado, atribui-se

> àquelas posições jurídicas que se reconhecem ao ser humano como tal, independentemente de sua vinculação com determinada ordem constitucional, e que, portanto, aspiram à validade universal, para todos os povos e tempos, de tal sorte que revelam um inequívoco caráter supranacional (internacional).

Caixa-preta

Direitos fundamentais
São os direitos do homem trazidos para dentro de uma dada Constituição e portanto, positivados no âmbito do direito constitucional de determinado Estado.
Direitos humanos são supranacionais e universais, independentemente de seu reconhecimento nas Constituições.

Para clarear essa definição, digamos que os direitos fundamentais são direitos do homem, todavia aqueles precisam ser distinguidos destes por serem manifestações positivas do direito constitucional interno de cada Estado. Ou seja, estão previstos constitucionalmente. A expressão *direitos do homem*, por outro lado, tem raízes filosóficas nas concepções do direito natural e representa pautas ético-políticas das quais não se requer estarem previstas no texto constitucional (positivadas). Os direitos humanos são direitos positivados na esfera do direito internacional (Sarlet, 1998, p. 32).

Assim, os direitos fundamentais são os direitos humanos constitucionalizados no âmbito interno de cada Estado, deixando, então, de "ser apenas reivindicações políticas para se transformarem em normas jurídicas" (Farias, 1996, p. 59).

De acordo com Gomes Canotilho (1998, p. 347), são "direitos jurídico-positivamente vigentes numa ordem constitucional" que, inseridos na Constituição, ficam protegidos pelo controle jurisdicional e, constituindo-se em verdadeiras normas jurídicas, vinculam e obrigam. Pela própria constitucionalização (leia-se: por terem se tornado fundamentais), esses direitos assumem quatro relevantes dimensões, a saber:

- Primeira – Exatamente por serem normas fundamentais, são hierarquicamente superiores às demais na ordem jurídica.
- Segunda – Eis que são normas constitucionais, estão submetidas aos mecanismos para emendas e revisão constitucionalmente previstos.
- Terceira – Constituem-se em verdadeiros limites à reforma constitucional (art. 60, § 4º), limites materiais, na expressão de Sarlet (1998, p. 78), referindo-se às cláusulas pétreas.
- Quarta – Porque lhes é prevista aplicabilidade imediata (art. 5º, § 1º), as normas de direito fundamental representam verdadeiros parâmetros para os órgãos legislativos, administrativos e jurisdicionais, devendo orientá-los nas escolhas, ações e decisões.

Saliente-se, por oportuno, que Robert Alexy (1997b, p. 503) diz que a importância das normas de direito fundamental manifesta-se pela sua dupla fundamentalidade.

Ou seja, tais direitos se revestem de uma fundamentalidade formal e de uma fundamentalidade material. Na linha de pensamento de Sarlet (1998, p. 78-79), diríamos que a expressão *fundamentalidade formal* refere-se às disposições constitucionais expressas acerca de direitos fundamentais (direitos fundamentais previstos na Constituição). Por sua vez, a "fundamentalidade material" decorre da circunstância de os direitos fundamentais serem elementos que constituem a Constituição material, pois contêm decisões fundamentais sobre a estrutura básica do Estado e da sociedade. Assim, além de estarem situados em uma posição hierárquica superior em relação às demais normas jurídicas (fundamentalidade formal – estão na Constituição), os direitos fundamentais e as normas fundamentais são materialmente fundamentais porque dão base a decisões sobre a estrutura normativa essencial do Estado e da sociedade (Alexy, 1997b, p. 505).

É crucial salientar ser exatamente essa noção de fundamentalidade material (representada pelas normas que dão base à estruturação do Estado) o que permite que a Constituição se abra "a outros direitos fundamentais não constantes de seu texto e, portanto, apenas materialmente fundamentais" (Sarlet, 1998, p. 79), bem como reconhecer como fundamentais outros direitos situados fora do Título II da Constituição (Dos Direitos e Garantias Fundamentais), mas integrantes da Constituição formal.

(6.2)
Raízes históricas

O cristianismo representou uma conquista definitiva na concepção da pessoa humana[a]. Estruturou a igualdade dos homens perante Deus como prelúdio da igualdade civil perante a lei e foi base filosófica à limitação do poder e à construção do princípio da dignidade da pessoa humana, esta criada por Deus à sua imagem e semelhança e chamada a transcender a própria humanidade.

Conforme Miguel Ángel Alegre Martínez (1996, p. 22), a preocupação pela situação do homem no mundo e pelo respeito que lhe é devido graças à sua dignidade está especialmente presente na doutrina da Igreja Católica. A Bíblia ensina que o homem – e somente ele – foi feito à imagem e semelhança de Deus, do que resulta, conforme o autor, que a origem da dignidade humana é divina. A fundamentação divina da dignidade pode ser estudada, também, na obra de Jesus Gonzalez Perez (1986, p. 56-57).

Com o humanismo, em particular no decorrer dos séculos XVII e XVIII, surgiram as chamadas *teorias do direito natural*, que afirmavam a existência de um direito anterior à formação do Estado, "corpo de regras que a razão poderia descobrir analisando a natureza do Homem tal qual Deus a criara" (Dotti, 1990, p. 10).

As teses do direito natural (também chamadas de *jusnaturalismo* ou *iusnaturalismo*) coincidem ao reconhecer ao homem

---

[a]. Historicamente, a garantia da dignidade humana se encontra estreitamente ligada ao cristianismo, segundo Ernesto Benda et al. (1996, p. 117). Para Jorge Miranda (1993, p. 17), foi com o cristianismo que todos os seres humanos, só por o serem e sem acepção de condições, passaram a ser considerados pessoas dotadas de um eminente valor.

uma gama de direitos que, antepostos ao Estado, justificam o próprio direito positivo[b]. Tais concepções atribuem ao direito positivo um caráter puramente declarativo e contemplam o processo de positivação dos direitos humanos como a "consagração normativa de umas exigências prévias, de umas faculdades que correspondem ao homem pelo mero fato de sê-lo, isto é, por sua própria natureza" (Pérez Luño, 1995, p. 54).

O direito natural, quando divorciado de seu fundamento religioso, respaldava-se nas teses do estado de natureza e do contrato social, que, concebidas para explicar a existência da sociedade, enunciam um homem livre, que fez concessões em relação aos seus direitos mais fundamentais[c], mas insubmisso, porque é a vontade coletiva – consubstanciada na lei – que dispõe acerca dos sacrifícios à sua liberdade individual: ao obedecer à lei, o indivíduo obedece a si mesmo. E, nessa construção de matizes iluministas, um homem é livre, e todos são iguais.

Em Hobbes, do contratualismo resultou a legitimação do poder absoluto[d]; em Locke, a defesa da autonomia privada, cuja concepção, posteriormente, delineou a teoria liberal dos

---

b. Para Gomes Canotilho (1998, p. 360), como o próprio nome indica, *direitos naturais* seriam aqueles inerentes ao indivíduo e anteriores a qualquer contrato social.

c. Miguel Reale (1987, p. 645-646) ensina que o homem renascentista, orgulhoso de sua força racional e de sua liberdade, sente-se capaz de construir por si mesmo a regra de sua conduta, desvencilhando-se do sistema ético medievo que o subordinava a uma ordem transcendente. Eis aí, segundo Reale, um homem que procura explicar o mundo humano tão somente segundo exigências humanas. É nesse tempo que surge a ideia de contrato e as teorias que dão uma origem contratualista ao Estado.

d. Nesse sentido, Pedro Vidal Neto (1979, p. 40) aduz que "doutrinas democráticas em relação à origem do poder podem terminar pela fundamentação de sua onipotência e pela completa subordinação do indivíduo" e exemplifica, citando Duguit, com Hobbes e Rousseau. José Cretella Júnior (1979, p. 149), por sua vez, explicita que, para Hobbes, o Estado deve ser forte, no mais alto grau, e assumir a forma de um poder absoluto, cuja missão é manter a ordem e a paz interna.

direitos fundamentais, em tudo antagônica ao absolutismo do Estado do Leviatã (Cretella Júnior, 1979, p. 154), e fundamentou a limitação do poder (Vidal Neto, 1979, p. 52) – aqui, a ideia dos direitos de defesa do cidadão perante o Estado e o dever de que este se abstenha de invadir a autonomia privada.

Pérez Luño (1995, p. 57) diz que um progressivo descrédito da teoria dos direitos naturais na ciência jurídica alemã, em fins do século XIX e princípio do novo século, determinou a aparição da categoria dos direitos públicos subjetivos, com o intento de oferecer uma configuração jurídico-positiva à exigência sustentada pela teoria dos direitos naturais de afirmar as liberdades do indivíduo em face da autoridade do Estado.

Conforme a concepção de Jellinek, citado por Pérez Luño (1995, p. 58), a condição de cidadão de determinado Estado coloca o indivíduo em diversas situações jurídicas que fazem surgir pretensões constituintes dos direitos públicos subjetivos.

Em quatro fases distintas, chamadas *status*, os ditos *direitos públicos subjetivos* são tratados por Jellinek como *status subiectionis* (primeira fase), que se traduz por uma atuação passiva dos destinatários das normas provindas do Poder Público; como *status libertatis* (segunda fase), que comporta uma garantia de não intromissão do Estado em determinadas situações, no sentido de proclamar que ele se abstenha de atuar na esfera individual, na qual são reconhecidas liberdades aos indivíduos; como *status civitatis* (terceira fase), em que se reconhece ao cidadão um poder de solicitar ao Estado um comportamento ativo; por derradeiro, como *status activae civitatis* (quarta fase), que permite aos cidadãos, como membros da comunidade política, a participação na formação da vontade do Estado (Pérez Luño, 1995, p. 58).

A teoria utilitarista de Jeremy Bentham construiu, também com inspiração iluminista, uma nítida contraposição às ideias jusnaturalistas. Ao fundamentar-se na hipótese de que cada homem busca a própria utilidade, Bentham constrói a ideia de um complexo de regras segundo as quais o homem pode alcançar da melhor maneira a sua própria utilidade. É o que se chama *moral do interesse pessoal*, cujo fim é a obtenção da maior quantidade possível de prazer, por meio de uma espécie de "aritmética de prazeres", que permite escolher aqueles que são superiores por sua intensidade, sua certeza, sua proximidade, sua duração, sua pureza, seu alcance e sua fecundidade (Jolivet, 1970, p. 386).

Para ele, ensina Pérez Luño (1995, p. 57), a expressão *direitos naturais (natural rights)* é um "sem sentido" retórico que produz graves resultados nos planos jurídico e político, eis que, ao atribuir valor jurídico àqueles direitos, a teoria dos direitos naturais "provoca e mantém o espírito de resistência a todas as leis – o espírito de insurreição contra todos os governos".

O positivismo jurídico desconsidera a possibilidade de normas juridicamente válidas desassociadas do direito positivo. Assim, a teoria dos direitos públicos subjetivos surge como alternativa à opção – ideologizada, segundo os positivistas – de direitos que se contrapõem ao Estado, por serem anteriores a ele.

> *Caixa-preta*
>
> Doutrinas positivistas
>
> Miguel Reale (1960, p. 218) ensina que todas as doutrinas que não admitem outro direito senão o positivo e excluem como metajurídicas as investigações relativas aos valores e aos fins são positivistas.

Pérez Luño (1995, p. 59) é primoroso ao dizer que a práxis, as condições econômicas e sociais, é que deve emprestar sentido ao processo de positivação dos direitos fundamentais, visto que tais direitos resultam das "exigências sociais do homem histórico".

(6.3) Dimensões dos direitos fundamentais

Ao situarmos nossas reflexões no âmbito dos direitos fundamentais, sem adentrar no recinto dos direitos naturais, pretendemos determinar um contexto. E é desde esse contexto que vislumbramos o fato de a mutação produzida pela evolução histórica ter, paulatinamente, construído a concepção de hoje acerca dos direitos fundamentais. Nesse sentido, ensina Pérez Luño, citado por Sarlet (1998, p. 39), que

> o processo de elaboração doutrinária dos direitos humanos, tais como reconhecidos nas primeiras declarações do século XVIII, foi acompanhado, na esfera do direito positivo, de uma progressiva recepção de direitos, liberdades e deveres

individuais que podem ser considerados os antecedentes dos direitos fundamentais.

Quanto a isso, Norberto Bobbio (2004, p. 32) diz que "também os direitos do homem são direitos históricos, que emergem gradualmente das lutas que o homem trava por sua própria emancipação e das transformações das condições de vida que essas lutas produzem".

Os primeiros direitos fundamentais nasceram com a modernidade, sob os auspícios da inspiração iluminista, que promoveu as revoluções burguesas do século XVIII. Neles pode ser identificada uma marca da feição individualista, como liberdades individuais que reconhecem poderes ao indivíduo na qualidade de ser isolado.

Reconhecidos como direitos de defesa, representam uma esfera de autonomia do indivíduo em relação ao Estado e, nesse sentido, cobram do Poder Público uma conduta negativa, de não intervenção. Tais direitos, advindos da circunstância histórica da necessidade de limitar o poder do soberano, inicialmente representavam o direito à vida, à liberdade, à propriedade e à igualdade perante a lei, mas, no evolver histórico das sociedades, passaram a abarcar uma série de liberdades, denominadas de *expressão coletiva* (liberdades de expressão, imprensa, manifestação, reunião, associação etc.), os direitos de participação política e os direitos de igualdade perante a lei, ao devido processo legal, de petição etc. (Sarlet, 1998, p. 48).

> **Caixa-preta**
>
> Direitos de 1ª dimensão
> - Direitos de defesa (limites ao Estado);
> - Prestação negativa;
> - Não intervenção.

Transmudaram-se as tendências em função das lutas sociais do século XIX, revelando-se, então, necessária a complementação dos direitos fundamentais de primeira dimensão com outros de caráter econômico, social e cultural. Essa segunda dimensão de direitos fundamentais restou consagrada no trânsito entre o Estado liberal e o Estado social de direito.

Vale aqui destacar que o uso da expressão *complementação* faz notar a preferência que temos por denominar as aparições de reivindicações em termos de novos direitos de *dimensões* e não *gerações*. Ocorre que, como veremos, os direitos de primeira, segunda, terceira e, há quem diga, quarta gerações não pressupõem o desaparecimento dos anteriores, sucessivamente. Em verdade, uns complementam os outros e sempre as gerações posteriores pressupõem as anteriores. Todavia, vários autores adotam, em vez de *dimensões de direitos fundamentais*, a expressão *gerações de direitos fundamentais*[e].

---

e. Paulo Bonavides (2006, p. 525), por exemplo, diz claramente que "o vocábulo 'dimensão' substitui, com vantagem lógica e qualitativa, o termo 'geração', caso este último venha a induzir apenas sucessão cronológica e, portanto, suposta caducidade dos direitos das gerações antecedentes, o que não é verdade. Ao contrário, os direitos da primeira geração, direitos individuais, os da segunda, direitos sociais, e os da terceira, direitos ao desenvolvimento, ao meio ambiente, à paz e à fraternidade, permanecem eficazes, são infraestruturas, formam a pirâmide cujo ápice é o direito à democracia".

Resultantes do fenômeno da industrialização e, em especial, da constatação de que, ainda que formalmente consagrados, os direitos à liberdade e à igualdade não restavam por isso conquistados, os direitos de segunda dimensão geram o "reconhecimento progressivo de direitos atribuindo ao Estado comportamento ativo na realização da justiça social" (Sarlet, 1998, p. 49).

Caixa-preta

Direitos de 2ª dimensão
- Direitos de participação (exigem uma política ativa do Estado);
- Prestação positiva;
- Promoção da justiça social.

A distinção entre a primeira e a segunda dimensão fica mais evidente quando tomamos em conta que, na primeira, os direitos são defensivos das liberdades do indivíduo, exigidas a autolimitação e a não ingerência do Poder Público e protegidas as ditas *liberdades* por sua atitude passiva e de vigilância; na segunda dimensão, por outro lado, os direitos são de participação e reclamam uma política ativa do Poder Público e a remoção dos obstáculos que impeçam que a liberdade e a igualdade dos cidadãos sejam reais. Já não basta a mera vigilância pelas técnicas jurídicas. Apregoa-se a indispensabilidade de um sistema de prestações e serviços públicos. Mas não só prestações e serviços, como também toda uma gama de outros direitos que, tomados desde uma perspectiva individual, são inconfundíveis com os direitos difusos e coletivos da terceira dimensão. São exemplos o direito à greve, à sindicalização e os direitos fundamentais dos trabalhadores, tais como salário mínimo, férias, repouso semanal remunerado, limitação da jornada de trabalho etc.

De toda forma, convém salientar que, se na primeira dimensão os direitos se caracterizam por terem cunho "negativo" (resistência ao Estado), na segunda dimensão, a característica é o cunho "positivo", eis que reclamam a atuação no Estado no sentido de prover a justiça social.

Assim, aos poucos, uma série de novas reivindicações em termos de direitos fundamentais passaram a girar em torno de temas como qualidade de vida, meio ambiente, paz e, para alguns doutrinadores, liberdade informática, cuja justificativa seria a construção de grandes bancos de dados pessoais e a massificação que os meios de comunicação vêm produzindo, o que geraria a necessidade da adoção de medidas de controle que protejam os indivíduos, conforme veremos mais tarde. É que o direito não pode ficar impassível diante das transformações experimentadas pela sociedade, e uma dessas transformações que reclamam aconchego na teoria e na lei vem exatamente das ditas *novas tecnologias*.

Como preleciona Pérez Luño (1995, p. 87), essa terceira dimensão de direitos se apresenta como resposta à "contaminação de liberdades" que se tem produzido com a aplicação de novas tecnologias, e a tarefa de precisar os direitos fundamentais de terceira dimensão é um "*work in progress*"[f] nem fácil nem cômodo, mas urgente e necessário.

Vejamos alguns aspectos inovadores que, segundo o entendimento de Enrique Sánchez Jiménez (1992, p. 50), caracterizam essa terceira dimensão de direitos:

---

f. "Trabalho em progresso" (tradução literal pela autora).

a. uma nova fundamentação, pois se a liberdade e a igualdade foram os valores guia da primeira e segunda dimensões, respectivamente, os direitos da terceira dimensão têm como principal valor a solidariedade. Somente mediante um espírito solidário de sinergia, de cooperação e de sacrifício voluntário e altruísta dos interesses egoístas será possível satisfazer plenamente as necessidades e aspirações globais relativas à paz, à qualidade de vida ou à liberdade informática;
b. novos instrumentos de tutela[g];
c. novas formas de titularidade, devido às novas situações e posições jurídicas subjetivas que surgem na atualidade. É preciso reconhecer à generalidade dos cidadãos a legitimação para defender-se contra as agressões a bens coletivos ou interesses difusos, que, por sua natureza, não podem ser tutelados sob a ótica da lesão individualizada. Daí que há quem bem defenda a ação popular como meio idôneo para a superação da concepção individualista do processo.

> *Caixa-preta*
>
> *Direitos de 3ª dimensão*
> - Direitos de solidariedade;
> - Proteção dos grupos humanos;
> - Titularidade coletiva.

---

g. Exemplifique-se com o *habeas data* (art. 5º, LXXII) e a ação civil pública (art. 129, III). Quanto à tutela dos direitos fundamentais, veja também José Carlos Vieira de Andrade (1987, p. 314-346).

Então, tais direitos de terceira dimensão caracterizam-se precipuamente por se voltarem à proteção de grupos humanos (família, povo, nação), e não ao indivíduo como ser isolado. Têm, portanto, a nota distintiva na sua titularidade coletiva e poderiam ser enquadrados no dístico "direitos de solidariedade e fraternidade" (Sarlet, 1998, p. 50).

Pois bem. O exame que fizemos, associado ao estudo dos direitos e das liberdades nos textos legais, traz-nos a percepção da historicidade que os sinala: o conteúdo de cada um se encontra limitado pelo contexto histórico em que foram realizados. Com isso, temos de chegar à conclusão de que não nos encontramos diante de um catálogo fechado de direitos fundamentais, visto que ditos direitos pertencem a uma categoria aberta que precisa estar permeável aos novos valores e, portanto, estar receptiva a novos direitos.

Nesse contexto, já se fala até mesmo em uma quarta dimensão de direitos fundamentais, à qual pertenceriam os direitos à democracia direta e à informação, por exemplo. Tal como leciona Paulo Bonavides (2006, p. 525), tais direitos corresponderiam à globalização dos direitos fundamentais. Não há como ignorar que essa dimensão globalizada dos direitos fundamentais está longe de ser reconhecida pelo direito positivo interno e internacional e, segundo Sarlet (1998, p. 53), não passa, por agora, de "justa e saudável esperança com relação a um futuro melhor para a humanidade", de tal sorte que se justifica a indagação de Bobbio (2004, p. 10): "o que dizer dos direitos de terceira e quarta geração? A única coisa que até agora se pode dizer é que são expressão de aspirações ideais, às quais o nome de 'direitos' serve unicamente para atribuir um título de nobreza".

Para continuar, estabeleceremos um acordo terminológico que nos permitirá estudar os direitos fundamentais em espécie, classificando-os de uma forma didática e conectada à sua evolução histórica. Assim, conforme desenvolveremos a seguir, os direitos fundamentais de primeira geração são direitos e garantias individuais e políticos clássicos, chamados *liberdades públicas*. Os de segunda geração, por sua vez, são os direitos sociais, econômicos e culturais. Por fim, reprisando a denominação destacada acima, diremos que os direitos de terceira geração são denominados *direitos de solidariedade ou fraternidade*.

Atividades

1. Assinale a única alternativa INCORRETA:
   a. Os direitos humanos aspiram validade universal e caráter supranacional.
   b. A expressão *direitos do homem* tem raízes no jusnaturalismo.
   c. Os direitos ditos *fundamentais* são direitos humanos acolhidos na ordem constitucional positiva de determinado Estado.
   d. Inseridos nas constituições, todos os direitos fundamentais passam automaticamente a compor o elenco das normas internacionais sobre direitos humanos.
   e. No âmbito do direito internacional, há múltiplos tratados e convenções sobre direitos humanos.

2. Assinale a única alternativa INCORRETA:
   a. Os direitos humanos de primeira dimensão são chamados de *direitos de defesa* porque opõem limites à ação do Estado.
   b. A história dos direitos humanos tem origem na necessidade de limitar a autoridade do Estado.
   c. Plenamente conquistados os direitos humanos de primeira dimensão, a humanidade passou a elaborar e a perseguir a concretização dos chamados *direitos sociais*.
   d. Os direitos à vida, à liberdade e à igualdade são de primeira dimensão.
   e. Os direitos humanos de primeira geração exigem a abstenção do Estado, ou seja, uma prestação negativa de não interferência.

3. Assinale a única alternativa INCORRETA:
   a. Como resultado da evolução social e do fenômeno da industrialização, surgiram os chamados *direitos de segunda dimensão*.
   b. Os direitos humanos de segunda dimensão são direitos de participação.
   c. O direito à greve, à sindicalização, ao salário mínimo e às férias são exemplos de direitos humanos de segunda geração.
   d. Se, na primeira dimensão, os direitos têm um cunho negativo, na segunda, eles têm cunho positivo ou prestacional.
   e. Os chamados *direitos de terceira geração* caracterizam-se pela proteção do indivíduo isolado.

(7)

Direitos fundamentais de primeira dimensão: liberdades públicas em espécie

Neste capítulo, a proposta é identificar, exemplificativamente, alguns direitos fundamentais que reconhecem autonomia à pessoa humana, garantindo-lhe iniciativa e independência diante dos demais membros da sociedade e do próprio Estado. Alexandre de Moraes (2003, p. 58) define-os como sendo os direitos e garantias individuais clássicos (liberdades públicas), surgidos a partir da *Carta Magna*. Na definição de Slaibi Filho (2004, p. 366), as liberdades públicas (ou liberdades) são a espécie de direito objetivo – PREVISÃO JURÍDICA DE DETERMINADO INTERESSE, NORMA DE CONDUTA – cujo conteúdo é a interdição da atividade do Poder Público e da sociedade em atenção à proteção do indivíduo. Observe o quadro explicativo.

Quadro 7.1 – *Liberdades públicas ou direitos individuais*

Da Pessoa Física	
	Direito à vida e à integridade física – art. 5º, *caput* e III
	Direito de ir, vir e ficar (locomoção) – art. 5º, XV
	Direito à inviolabilidade de domicílio – art. 5º, XV
Da Pessoa Moral ou Espiritual	
	Direito à liberdade de consciência – art. 5º, VI
	Direito à liberdade de crença religiosa e de culto – art. 5º, VI
	Direito à vida privada, intimidade, honra e imagem – art. 5º, X
Da Pessoa Social	
	Liberdade de reunião – art. 5º, XVI
	Liberdade de associação – art. 5º, XVII, XVIII, IXX, XX e XXI
Da Pessoa Intelectual	
	Liberdade de expressão do pensamento – art. 5º, IV
	Liberdade de expressão intelectual – art. 5º, IX
	Liberdade de acesso à informação – art. 5º, XIV
Da Pessoa Econômica	
5	Liberdade de trabalho, ofício ou profissão – art. 5º, XIII
	Direitos à propriedade e à herança – art. 5º, XXII, XXVII (propriedade imaterial), XXX e XXXI

A seguir, examinaremos esses direitos identificados como liberdades públicas.

(7.1)
Direito à vida e à integridade física

A antessala do catálogo dos direitos fundamentais na Constituição Federal de 1988 (Brasil, 1988), o *caput* do art. 5º, institui que:

> Todos são iguais perante a lei, sem distinção de qualquer natureza, garantindo-se aos brasileiros e aos estrangeiros residentes no país a inviolabilidade do direito à vida, à liberdade, à igualdade, à segurança e à propriedade [...].

Sem sombra de dúvidas, é o direito à vida o mais fundamental de todos os direitos, pois é pressuposto à existência e ao exercício de todos os demais. Afonso da Silva (2005, p. 198) esclarece que a vida humana, que é objeto do direito assegurado no art. 5º, *caput*, integra-se de elementos materiais (físicos e psíquicos) e imateriais (espirituais) e se constitui como fonte primeira do todos os outros bens jurídicos.

Mas, afinal, como se pode conceituar *vida*? Seria ela definida biologicamente ou pela formação da consciência – ou mesmo autoconsciência? Ou será que a vida tem cunho social e está correlacionada à possibilidade de fruir direitos, cumprir obrigações e participar do Estado como cidadão?

Desde Schödinger, difundiu-se a ideia de que, para se conhecer um organismo, é necessário conhecer sua organização dinâmica. Em outras palavras, diz-se que os organismos atendem a duas propriedades: (1) estrutura e (2) padrão de organização, sendo estrutura a matéria que os compõe e organização o padrão de relações entre seus componentes que produz o próprio sistema. Os seres vivos são auto-organizáveis, produzem e reciclam seus componentes, diferenciando-se do meio exterior (teoria autopoiética – de *autopoiese*, que provém do grego e significa "criar ou produzir a si mesmo"). Portanto, o ser vivo é um "ser que se faz", enquanto um ser não vivo é feito. O ser vivo tem consciência de si mesmo e interage com o meio exterior, sendo a consciência diretamente proporcional à complexidade do sistema. Nesse sentido, o ser humano é o ser vivo mais complexo e mais consciente, sendo responsável por reconhecer a limitação de consciência dos demais seres vivos e o único capaz de fruir direitos e cumprir obrigações.

O direito à existência, nas palavras de Afonso da Silva (2005, p. 198), "consiste no direito de estar vivo, de lutar pelo viver, de defender a própria vida, de permanecer vivo. É o direito de não ter interrompido o processo vital senão pela morte espontânea e inevitável".

O direito à integridade física decorre do direito à vida, uma vez que a agressão ao corpo humano traduz-se como agressão à própria vida. A Constituição Federal determina que ninguém será submetido à tortura nem a tratamento desumano ou degradante (art. 5º, III) e assegura ao preso o respeito à integridade física e moral (art. 5º, XLIX) (Brasil, 1988). Também, situada esta disposição na mesma dimensão protetiva, a Lei Maior reserva à lei toda a regulamentação sobre as condições e os requisitos que facilitem a remoção de órgãos, tecidos e substâncias humanas para fins de transplante, pesquisa e tratamento, bem como a coleta, processamento e transfusão de sangue e seus derivados, sendo vedado todo tipo de comercialização (art. 199, § 4º). Isso coloca os órgãos humanos fora do comércio.

(7.2)
Direito de locomoção (ir, vir e ficar)

A chamada *liberdade de locomoção* compreende os direitos de ir, vir e ficar e é, para Manoel Gonçalves Ferreira Filho (2005, p. 295), a primeira de todas as liberdades, sendo condição para as demais. Consiste no poder que o indivíduo tem de deslocar-se de um para outro lugar ou permanecer onde bem lhe convenha, desde que o exercício dessa liberdade não atente contra o bem geral ou legítimo direito individual de terceiro.

Conforme a Constituição Federal, em tempo de paz, é livre o deslocamento no território nacional, sendo o direito de circulação uma manifestação da liberdade de locomoção, a qual tutela a liberdade em sentido estrito, ou seja, a prerrogativa de não ser preso ou detido de forma arbitrária (Araújo; Nunes Júnior, 2004, p. 133). A Constituição faz duas exceções a essa liberdade: (1) a prisão em flagrante e (2) a determinada por ordem judicial escrita e fundamentada (art. 5º, LXI).

O *habeas corpus*, previsto no inciso LXVIII do art. 5º, é o remédio jurídico previsto constitucionalmente que legitima qualquer pessoa ameaçada em seu direito de ir, vir e ficar a procurar a Proteção do Poder Judiciário para obter a tutela da sua liberdade de locomoção, podendo tal ação ser proposta por uma pessoa em benefício de outra.

(7.3)
Direito de refúgio (inviolabilidade de domicílio)

A proteção que a Constituição oferece ao domicílio decorre da expressa disposição do art. 5º, inciso XI, que define a casa como asilo inviolável do indivíduo (Brasil, 1988). Na dicção do Código Civil Brasileiro (Lei nº 10.406, de 10 de janeiro de 2002 (Brasil, 2002), domicílio é o lugar onde a pessoa estabelece sua residência com ânimo definitivo (art. 70), bem como, em relação às suas atividades profissionais, o local onde a profissão é exercida (art. 72).

É de se considerar que, para os efeitos da proteção constitucional, domicílio deve ser considerado uma projeção espacial da privacidade e da intimidade (Araújo; Nunes Júnior, 2004, p. 127) e, então, mesmo residência ocasional (como a casa de praia) será considerada domicílio enquanto ocupada pelos titulares do direito de estar lá. Pelo mesmo motivo, assim pode ser considerado o *motorhome*, o *trailer*, o barco e mesmo o estabelecimento de habitação coletiva (hotel) onde a pessoa resida.

As exceções à inviolabilidade do domicílio estão previstas na própria Constituição:

a. Flagrante delito – A condição de flagrância (situação em que ocorre o flagrante, aquilo que é visto ou registrado quando acontece) define-se quando o agente está cometendo o delito, acaba de cometê-lo ou, quando perseguido, é encontrado em situação que permita presumir ser ele o autor da infração ou com instrumentos, armas, objetos ou papéis que admitam a mesma presunção (Código de Processo Penal, art. 302).

b. Desastre – Deve ser entendido como um evento de grandes proporções, tal como catástrofe, inundação etc. (Araújo; Nunes Júnior, 2004, p. 128).
c. Socorro – Essa exceção submete-se aos requisitos de a pessoa efetivamente estar precisando de socorro e, também, de que não possa pedir ajuda por seus próprios meios.
d. Ordem judicial – A condição é que a ordem provenha de autoridade judicial competente, que deve analisar a relevância das razões para a invasão. Assim, diferentemente do que estava previsto na Constituição anterior e ainda consta no Código de Processo Penal (art. 241), a busca domiciliar só pode ser determinada pelo juiz, descabendo à autoridade policial que a realize sem mandado judicial.

(7.4) Direito à liberdade de consciência

No inciso VI do art. 5º, a liberdade de consciência se configura como a possibilidade de a pessoa viver conforme lhe determina a própria consciência, pautando sua conduta pelas convicções religiosas, políticas e filosóficas que tiver. Por conseguinte, pode-se dizer que o ser humano tem direito a conduzir sua vida como "melhor lhe parecer", desde que suas escolhas não firam o direito de terceiros.

A esse propósito, Ferreira Filho (2005, p. 296) distingue como sendo duas as facetas da liberdade de pensamento, a saber: a liberdade de consciência e a liberdade de expressão ou manifestação do pensamento. A liberdade de consciência é de foro íntimo e, enquanto não se manifesta, é absolutamente livre, pois ninguém pode ser obrigado a pensar de uma ou de outra maneira. A respeito da segunda, trataremos um pouco adiante.

Cabe destacar aqui que da liberdade de consciência (e de crença) decorre o direito à chamada *escusa de consciência*, ou seja, o direito de recusar-se à prática de determinados atos ou comportamentos e escusar-se de imposições gerais e aplicáveis às pessoas em geral, em virtude de convicções individuais religiosas ou filosóficas. A Constituição, em seu art. 5º, inciso VIII, prevê que ninguém será privado de direitos por motivo de crença religiosa ou de convicção filosófica ou política, salvo se as invocar para eximir-se de obrigação legal a todos imposta e recusar-se a cumprir prestação alternativa, fixada em lei. Portanto, o legislador constituinte reconheceu o direito de escusa, mas impôs ao recusante a prestação de obrigação alternativa. Dessa maneira, aquele que se negar à prestação de serviço militar obrigatório (art. 143, § 1º), por exemplo, deverá, na forma como dispõe a Lei nº 8.239, de 4 de outubro de 1991 (Brasil, 1991), exercer atividades de caráter administrativo, assistencial, filantrópico ou mesmo produtivo em estabelecimentos militares ou outros a eles conveniados.

(7.5)
Direito à liberdade de crença religiosa e de culto

A liberdade religiosa, que, segundo Silva (2005, p. 248), se inclui entre as liberdades espirituais, está assegurada pelo inciso VI do art. 5º e é complementada pelos incisos VII e

VIII do mesmo artigo, mais os arts. 19, inciso I, 150, inciso VI, alínea b, e 210, parágrafo 1º, da Constituição Federal. Assim, além de declarar inviolável a liberdade de crença e livres os cultos, a Lei Maior assegura a prestação de assistência religiosa nas entidades de internação coletiva e o direito de escusa de consciência fundado nas razões de crença religiosa. Também é vedado à União, aos estados, ao Distrito Federal e aos municípios que estabeleçam cultos religiosos ou igrejas, os subvencionem ou lhes imponham embaraços ao funcionamento ou mantenham com eles relações de dependência ou aliança, salvo as situações que representem colaboração de interesse público.

Consoante o que ensina Afonso da Silva (2005, p. 248), a liberdade de religião compreende três formas de expressão: (a) a liberdade de crença; (b) a liberdade de culto; e (c) a liberdade de organização religiosa.

O mesmo autor anota que a liberdade de crença e a de consciência não se confundem, pois "o descrente também tem liberdade de consciência e pode pedir que se tutele juridicamente tal direito", assim como a primeira compreende tanto a liberdade de ter uma crença quanto a de não ter crença. Porque é livre para tanto, o ser humano pode escolher uma religião, aderir a qualquer seita religiosa ou mesmo ser ateu, desde que não embarace o direito alheio a ter crença.

A liberdade de religião se exterioriza por meio da prática de ritos, em cultos e cerimônias. Portanto, a liberdade de culto consiste na possibilidade de orar e praticar atos religiosos em casa ou em público. A liberdade de organização religiosa, por sua vez, diz respeito à organização das igrejas e ao estabelecimento de suas relações com o Estado.

> *Curiosidades*
>
> É interessante notar que a Constituição do Império (1824) não previa toda essa liberdade de culto, assim estipulando em seu art. 5º:
>
> A Religião Católica Apostólica Romana continuará a ser a religião do Império. Todas as outras religiões serão permitidas com seu CULTO DOMÉSTICO, OU PARTICULAR, em casas para isso destinadas, sem forma alguma exterior de templo. (Brasil, 1824, grifo do autor)

No Brasil, a República inaugurou a separação entre a Igreja e o Estado, tendo a Constituição de 1891 estabelecido os princípios básicos da liberdade religiosa, os quais permaneceram praticamente os mesmos até a Constituição vigente, havendo tão somente pequenos ajustes.

(7.6)
Direito à vida privada, à intimidade, à honra e à imagem

Não é tarefa simples delimitar âmbitos diferenciados para a intimidade e para a vida privada. Todavia, a considerar o preceito segundo o qual a Constituição não possui palavras vãs, precisa-se admitir que ela tenha consignado a diferença. Tércio Sampaio Ferraz Júnior (1992, p. 79) o faz, salientando que, embora os comentadores não vejam a distinção entre vida privada e intimidade, é possível vislumbrar um diferente grau de exclusividade entre ambas.

Assim, na pauta do que ensina Ferraz Júnior, a intimidade refere-se ao âmbito do exclusivo que a pessoa reserva para si, sem que mesmo aqueles que comungam de sua vida privada possam participar (por exemplo, o diário íntimo, o segredo sob juramento, as próprias convicções, as situações indevassáveis de pudor pessoal, o segredo íntimo cuja mínima publicidade constrange). A vida privada, por outro lado, envolve a proteção de formas exclusivas de convivência, como a escolha de amigos, a frequência a lugares, os relacionamentos civis e comerciais, ou seja, dados que não afetam, em princípio, direitos de terceiros, mas que dizem respeito ao indivíduo, tais como cadastros de clientes, vida bancária, situação tributária, comunicações comerciais escritas ou orais dirigidas a uma ou mais pessoas determinadas.

A honra, por sua vez, é o respeito devido a cada um pela comunidade. Portanto, o direito de inviolabilidade da honra traduz-se pela proibição de manifestações ou alusões que tendam a privar o indivíduo desse valor. A honra, por assim dizer, "veste a imagem de cada um", sendo esta – a imagem – a visão social a respeito de um indivíduo determinado (nesse sentido, posiciona-se Ferreira Filho – 1997, p. 35).

Houve um tempo em que a intimidade, a honra e a imagem estavam compreendidas no âmbito da proteção ao domicílio (Constituições de 1824 e 1891). Tampouco as Constituições de 1934, 1946 e 1967 foram explícitas ao protegerem a imagem.

Inovando, o inciso X do art. 5º da Constituição Federal de 1988 é claro e assegura o direito a indenização pelo dano decorrente da violação desses direitos.

(7.7)
Liberdade de reunião

O inciso XVI do art. 5º estabelece que todos podem reunir-se pacificamente, sem armas, em locais abertos ao público, independentemente de autorização, desde que não frustrem outra reunião anteriormente convocada para o mesmo local, sendo apenas exigido prévio aviso à autoridade competente.

Diferentemente daquilo que era previsto na Constituição que vigorou durante o regime militar, no art. 150, parágrafo 27, não se diz mais que a lei poderá determinar os casos em que será necessária a comunicação prévia à autoridade, bem como a designação, por esta, do local da reunião. Agora se faz necessário apenas que a autoridade seja avisada, sendo seu dever garantir a realização da reunião. José Afonso da Silva (2005, p. 264) lembra o ilustre Pontes de Miranda para definir que reunião é a aproximação – especialmente considerada – de algumas ou muitas pessoas, com o fim de informar-se, de esclarecer-se e de adotar opinião (deliberar, ainda que só no foro íntimo).

A reunião, em última análise, é uma maneira de a liberdade de expressão manifestar-se de forma coletiva, uma associação passageira de pessoas que têm um objeto ou interesse comum. Como prevê a Lei Maior, ela possui os seguintes requisitos: (1) deve ser pacífica – seu intuito há que ser lícito e seus fins, pacíficos, (2) os participantes não poderão portar armas, (3) deve ocorrer em local público, e (4) não deve prejudicar reunião anteriormente marcada para o mesmo local, havendo necessidade de (5) avisar à autoridade pública – muito embora esse comunicado não tenha o propósito de buscar autorização, mas de prevenir, para que as providências necessárias à realização do evento sejam tomadas, bem como para que não existam duas reuniões no mesmo local.

Quando for decretado estado de defesa (art. 136, § 1º, I, a), o direito de reunião poderá sofrer restrições, ainda que exercido no seio das associações. Na hipótese de estado de sítio (art. 139, IV), poderá haver suspensão temporária desse direito.

(7.8)
Liberdade de associação

A liberdade de associação é reconhecida pelos incisos XVII a XXI do art. 5º da Constituição Federal (Brasil, 1988), os quais preveem ser plena a liberdade de associação para fins lícitos (vedada a de caráter paramilitar) e que sua criação e, na forma da lei, a de cooperativas independem de autorização, não podendo o Estado intervir em seu funcionamento. Igualmente está estabelecido que as associações podem ter suas atividades suspensas por ordem judicial e, por decisão da qual não caiba mais recurso, ser dissolvidas. Por fim, a Constituição define que ninguém pode ser coagido a associar-se ou a permanecer associado, podendo as entidades associativas, com legitimidade, desde que expressamente autorizadas a isso, representar seus filiados em juízo ou fora dele.

Agora citado por Araújo e Nunes Júnior (2004, p. 137), Pontes de Miranda assenta que o direito de associação "é direito de exercício coletivo que, dotado de caráter permanente, envolve a coligação voluntária de duas ou mais pessoas, com vistas à realização de objetivo comum, sob direção unificante". A partir desse conceito, os dois autores enunciam os seguintes elementos de uma associação:

1. duas ou mais pessoas (plurissubjetividade);
2. base estatutária, uma vez que, havendo adesão voluntária, pressupõe-se o estatuto como instrumento do acordo de vontades a ser deliberado de maneira autônoma pelos associados;
3. permanência, muito embora isso não represente perpetuidade – uma das diferenças entre a associação e a reunião consiste exatamente nesse ímpeto de manter-se associado de maneira não temporária;
4. fins comuns e lícitos – a ordem jurídica como um todo exige a finalidade lícita para as ações humanas, e diferente não poderia ser para a associação;
5. Por último, "direção unificante" – é o que revela o propósito comum dos associados, a vocação de seus membros à união.

A proteção constitucional dirige-se a toda e qualquer forma associativa entre pessoas, incluindo a comercial, e concretiza-se por meio da possibilidade de as pessoas constituírem ou dissolverem uma associação, se filiarem a associações já instituídas, respeitando os seus termos estatutários ou se desfiliarem quando assim entenderem oportuno. As associações, por outro lado, têm autonomia estatutária e assim estabelecem suas regras, não podendo o legislador ou o administrador público firmar condições ou regulamentações que intervenham na vida das associações, reservada, todavia, ao Poder Judiciário a possibilidade de até mesmo dissolver, compulsoriamente, a associação.

Por fim, vale esclarecer que o caráter paramilitar de uma associação está relacionado ao fato de ela, não importa se com armas ou sem elas, se destinar ao adestramento de seus membros no manejo de utensílios bélicos.

(7.9)
Liberdade de expressão do pensamento

A Constituição garante ser livre a manifestação do pensamento, vedando o anonimato (art. 5º, IV). Como já foi dito antes, a liberdade de expressão do pensamento difere da liberdade de consciência porque esta é de foro íntimo. A manifestação do pensamento, por outra banda, pode dirigir-se de uma pessoa a outra ou outras, sendo, na linguagem de Ferreira Filho (2005, p. 297), "expressão fundamental da personalidade".

Muito embora a forma mais comum de manifestar o pensamento seja a fala, é preciso considerar todas as outras maneiras dessa expressão, tais como carta, telegrama, telefone, *e-mail* etc.

De acordo com os ensinamentos de Sampaio Doria, trazidos por José Afonso da Silva (2005, p. 241), a liberdade de pensamento "é o direito de exprimir, por qualquer forma, o que se pense em ciência, religião, arte ou o que for". É um dos aspectos externos da liberdade de opinião, que é, conforme a doutrina, uma espécie de liberdade primária da qual decorrem várias outras. A opinião pode ser um pensamento íntimo (liberdade de consciência e crença – art. 5º, VI) ou uma convicção filosófica ou política (art. 5º, VII) e, por exemplo, manter-se sigilosa ou ser manifestada publicamente por meio de palavras, atos ou condutas.

A liberdade de expressão do pensamento decorre diretamente da vida em sociedade e da necessidade que o ser humano tem de expressar seus conhecimentos, suas crenças, a forma como vê o mundo em sua volta e interage com ele, suas opiniões políticas e religiosas, as descobertas e estudos científicos que realiza etc. Afinal, a pessoa humana não vive só e, vivendo em sociedade, tem a inevitável tendência de exteriorizar suas ideias, impressões e sentimentos, estabelecendo relações de convivência que, naturalmente, a aproximam de uns e a afastam de outros.

(7.10)
Liberdade de expressão intelectual

O inciso IX do art. 5º estabelece que é livre a expressão da atividade intelectual, artística, científica e de comunicação, independentemente de censura ou licença (Brasil, 1988).

Existe correlação entre a liberdade de expressão intelectual e a de expressão do pensamento, pois as manifestações artísticas e culturais, bem como as intelectuais e as científicas, são formas de expressão do pensamento. Aliás, bem dito por Araújo e Nunes Júnior (2004, p. 114), o pensamento humano é pluriforme, ou seja, pode manifestar-se por meio de juízos de valor (opiniões) ou por meio da música, da pintura, do teatro, da fotografia etc. O direito à livre expressão intelectual cuida das situações nas quais a forma de manifestação do pensamento humano não é um meio, mas um fim em si mesma. Esses mesmos autores referem que a expressão sublima a forma. Por meio dela, o indivíduo exterioriza seus sentimentos ou sua criatividade, independentemente da formulação de juízos de valor, conceitos ou convicções. Evidente que uma pintura pode, por exemplo, carregar em si um juízo crítico, todavia, lembram os autores, nesse caso temos a concorrência de dois direitos fundamentais: opinião e expressão.

As expressões artísticas (artes plásticas, música e literatura) são livres, porém, na forma como define o art. 220, parágrafo 3º, a lei regulará as diversões e os espetáculos públicos, bem como estabelecerá os meios legais para a sociedade se proteger de programas de rádio ou televisão que contrariem os princípios contidos no art. 221 da Constituição ou que difundam produtos, práticas ou serviços nocivos à saúde e ao meio ambiente.

(7.11) Liberdade de acesso à informação

A Constituição Federal (art. 5º, XIV) assegura a todos o acesso à informação e resguarda o sigilo da fonte quando necessário ao exercício profissional. O direito à informação se configura como direito de informar, se informar e ser informado, ou seja, (1) a liberdade de transmitir ou comunicar informações e as difundir sem impedimento, tendo ao seu alcance meios para tanto e (2) o direito de reunir informações, buscando fontes e cuidando de manter-se informado acerca das coisas da vida e do mundo. Para se tornar eficaz, o direito de ser informado pressupõe que exista em contrapartida um dever de informar. Em outras palavras, uma pessoa só terá o direito de ser informada se outra tiver o dever de informá-la, existindo, portanto, uma necessária imbricação entre "direito de ser informado" e "dever de informar".

O Poder Público tem o dever constitucional de informar e todos têm direito a receber dos órgãos públicos informações de seu interesse particular ou de interesse coletivo ou geral, as quais serão prestadas no prazo da lei, sob pena de responsabilidade, ressalvadas aquelas cujo sigilo seja imprescindível à segurança da sociedade e do Estado (art. 5º, XXXIII). Saliente-se, ainda, que o art. 37 da Carta Constitucional define a publicidade como um dos princípios básicos da Administração Pública.

O direito que estamos estudando remete a uma expressão originária do direito português que dá conta de garantir aos partidos políticos espaços gratuitos nos meios de comunicação para a propagação de ideias, convicções políticas etc. Trata-se do já denominado *direito de antena*. É bem verdade que, na versão lusitana, esse direito é mais amplo e alcança, além dos partidos políticos, as organizações sindicais, profissionais e representativas das atividades econômicas. No Brasil, o art. 17, parágrafo 3º, da Constituição prevê aos partidos políticos acesso gratuito ao rádio e à televisão, na forma da lei (Brasil, 1988).

Da mesma forma, relaciona-se ao direito à informação a liberdade à informação jornalística, sendo esta a "herdeira primogênita da antiga liberdade de imprensa" (Araújo; Nunes Júnior, 2004, p. 117), cuja nomenclatura foi renovada e tornou-se mais ampla, contemplando as várias espécies de mídia que podem veicular e divulgar notícia, crítica ou opinião.

À época do regime militar, a censura restringia em muito a liberdade de expressão jornalística. A Constituição Federal de 1988 (Brasil, 1988) sepultou a censura prévia em nosso país, permitindo a livre expressão intelectual, artística, científica e de comunicação e vedando o controle e a exigência de autorização para divulgar qualquer texto ou programa ao público (art. 5º, XI, e 220, § 2º).

(7.12)
Liberdade de trabalho, ofício ou profissão

A Constituição proclama ser livre o exercício de qualquer trabalho, ofício ou profissão, atendidas as qualificações profissionais que a lei estabelecer (art. 5º, XIII). O direito de exercer o trabalho que lhe agrada e para o qual tem aptidão é outra das dimensões da liberdade individual. O Poder Público está impedido de criar normas que obriguem as pessoas a exercerem profissões que não tenham escolhido. Ao mesmo tempo, salvaguardando o interesse público, a Constituição limita o exercício de algumas profissões quando a lei exigir determinadas qualificações específicas. Trata-se de fixar a pretensão à autodeterminação individual na escolha da profissão.

As limitações à liberdade de trabalho só têm eficácia se impostas pela lei e, enquanto a profissão não estiver regulamentada, vige a mais ampla liberdade para o respectivo exercício profissional.

Para José Afonso da Silva (2005, p. 256-257), o teor do dispositivo constitucional sob exame não constitui o chamado *direito social ao trabalho*, sobre o qual trataremos depois. Aqui, estamos lidando com um direito de escolha, um direito individual que confere liberdade de opção por trabalho, ofício ou profissão. O ilustre autor lembra ainda que, como acontece em relação a todo direito de liberdade individual, a norma apenas o enuncia, sem se ocupar das condições materiais de sua efetividade.

Lamentavelmente, a realidade dos fatos nos impele a reconhecer que essa liberdade tem sido até aqui meramente formal para a imensa maioria das pessoas, as quais trabalham para obter o sustento próprio e da família.

(7.13)
Direito à propriedade e à herança

O *caput* do art. 5º da Constituição Federal (Brasil, 1988) declara a inviolabilidade do direito à propriedade e o inciso XXII proclama sua garantia expressa. Mais adiante, pode-se dizer que a Constituição "relativiza" o outrora absoluto direito de propriedade, determinando que esta atenda sua função social (art. 5º, XXIII).

Em várias outras oportunidades, a Constituição Federal regula temas relacionados à propriedade. Vejamos: permite a intervenção do Estado na propriedade, por necessidade ou utilidade pública, ou por interesse social, por meio de desapropriação mediante justa e prévia indenização em dinheiro, reservando à lei sua regulamentação (art. 5º, XXIV); permite que, em caso de iminente perigo público, a autoridade possa usar propriedade particular, assegurando indenização em caso de dano (art. 5º, XXV); afasta a possibilidade de penhora da pequena propriedade rural para pagar débitos decorrentes da atividade produtiva (art. 5º, XVI); reconhece direitos autorais (propriedade imaterial) referentes às obras intelectuais e artísticas (art. 5º, XXVII); assegura a propriedade dos inventos industriais, protegendo criações, marcas, nomes de empresas etc. (art. 5º, XXIX); garante o direito à herança, portanto à sucessão de bens *post mortem* – após a morte (art. 5º, XXX). Finalmente, nesse rol apenas exemplificativo, a Lei Maior institui a propriedade privada e a função social da propriedade como princípios gerais da atividade econômica (art. 170, II) (Brasil, 1988).

Na amplitude que o constituinte lhe conferiu, a propriedade atinge qualquer bem patrimonial, coisa ou serviço que possa ser avaliado economicamente. Pode-se dizer que é a atribuição jurídica que alcança à pessoa a condição de usar, fruir (obter os frutos) um bem e dispor dele de maneira a satisfazer suas necessidades ou legítimos interesses. Todavia, a função social é intrínseca à propriedade, não sendo suficiente que a pessoa disponha do título aquisitivo para que tenha legitimidade no exercício dos poderes conferidos ao titular. O proprietário há de cumprir um dever social e dar à propriedade uma função que seja relevante não só para si mesmo, mas também para a sociedade.

Desde os tempos mais remotos, a configuração do direito de propriedade passou por variadas etapas, partindo de uma concepção que o pretendia absoluto (verdadeiro direito natural, conforme aludiu Locke) até a redefinição de seus contornos, já no âmbito de sistemas constitucionais voltados à realização da justiça social. Em outras palavras, poderíamos dizer que a ideia de propriedade transitou entre uma noção individualista e outra de caráter social.

As concepções que giram em torno do direito de propriedade mudaram significativamente, de um lado, pelo impulso da revisão de conceitos e da mudança na postura não intervencionista do Estado, provocado, em grande parte, pela Revolução Industrial e seus reflexos sociais, e, de outro, pela feição renovada e renovadora de um Estado vocacionado à proteção dos direitos sociais, cujo símbolo histórico pode-se dizer que foi a Constituição de Weimar (1919).

Fernanda de Salles Cavedon (2003, p. 26) pontua que "a configuração do Estado contemporâneo, voltado para a proteção dos direitos sociais, e o caráter marcadamente social da Constituição de Weimar influenciaram grande parte das Constituições dos Estados contemporâneos, que incorporaram a noção de propriedade vinculada a uma função social".

O art. 182, parágrafo 2º, da Constituição Federal (Brasil, 1988) define que a propriedade urbana cumpre sua função social quando atende às exigências fundamentais de ordenação da cidade expressas no plano diretor. O art. 183, por sua vez, admite a quem possuir como sua área urbana de até duzentos e cinquenta metros quadrados, por cinco anos, ininterruptamente e sem oposição, utilizando-a para sua moradia ou de sua família, adquirir-lhe o domínio (propriedade), desde que não seja proprietário de outro imóvel urbano ou rural.

Parece-nos que é ainda na esteira de incutir à propriedade um cunho social, transmudando aquele poder absoluto que tradicionalmente o proprietário exerce sobre os bens patrimoniais da vida, que a Constituição acolheu também a produtividade como meio de aquisição da propriedade. Assim, aquele que, não sendo proprietário de imóvel rural ou urbano, possua como sua, por cinco anos ininterruptos, sem oposição, área de terra em zona rural não superior a cinquenta hectares, tornando-a produtiva por seu trabalho ou de sua família, tendo nela sua moradia, poderá adquirir-lhe a propriedade (art. 191) (Brasil, 1988).

O art. 186 da Lei Maior (Brasil, 1988) define que a função social da propriedade rural é cumprida quando atende, simultaneamente, segundo os critérios e exigências da lei, aos seguintes requisitos:

[...]

I – aproveitamento racional e adequado;

II – utilização adequada dos recursos naturais disponíveis e preservação do meio ambiente;
III – observância das disposições que regulam as relações de trabalho;
IV – exploração que favoreça o bem-estar dos proprietários e dos trabalhadores.
[...]

Os imóveis rurais que não estiverem cumprindo sua função social podem ser desapropriados para fins de reforma agrária, mediante prévia e justa indenização em títulos da dívida agrária (art. 184). A Lei nº 8.629, de 25 de fevereiro de 1993 (Brasil, 1993), regulamentou os dispositivos constitucionais relativos à reforma agrária, definindo os critérios que tornam a propriedade rural passível de desapropriação por não cumprir sua função social.

Não cumprem sua função social, podendo ser confiscadas, sem direito a indenização, as glebas de terra onde forem cultivadas ilegalmente plantas psicotrópicas (art. 243). Da mesma maneira, todo e qualquer bem de valor econômico apreendido em decorrência do tráfico ilícito de entorpecentes e drogas afins será confiscado e reverterá em benefício do tratamento e recuperação de viciados e no aparelhamento e custeio de atividades de fiscalização, controle, prevenção e repressão do crime de tráfico dessas substâncias (art. 243, parágrafo único).

Segundo Sílvio Venosa (2003, p. 20), "herança é o conjunto de direitos e obrigações que se transmite, em razão da morte, a uma pessoa, ou a um conjunto de pessoas que sobrevivem ao falecido". Portanto, o termo tem um sentido de universalidade, compreendendo bens, direitos e obrigações deixados aos herdeiros ou legatários em decorrência da morte do titular. Nos incisos XXX e XXXI do art. 5º, a Constituição Federal trata do sistema de transmissão de bens *causa mortis*, sendo o direito de herança complementar ao de propriedade e à livre iniciativa, segundo Nogueira da Silva (2003, p. 542). Existe uma tão direta relação entre o direito de propriedade e o direito de herança que, na União Soviética, por exemplo, inexistindo o direito de propriedade, igualmente não existia o direito de herança.

A partir deste estudo panorâmico dos chamados *direitos fundamentais de primeira dimensão*, percebe-se claramente a natureza que os cerca. São todos direitos que reservam à pessoa humana determinado âmbito de atuação livre da ingerência do Estado. Vejamos, a seguir, como mudam significativamente as tendências.

Atividades

1. Quanto ao direito à vida, pode-se dizer que:
   a. é o mais fundamental de todos os direitos, pois é pressuposto dos demais.
   b. para o mundo jurídico, a vida humana e a vida animal estão igualmente compreendidas na inviolabilidade prevista no *caput* do art. 5º.
   c. a única exceção ao direito à vida é a permissão expressa da pena de morte para os crimes contra a vida, restando ao legislador decidir por sua implantação no país.
   d. As alternativas "a", "b" e "c" estão corretas.
   e. Nenhuma alternativa está correta.

2. No quanto se refira ao direito de locomoção, pode-se dizer que:
   a. há autores que consideram esse direito como a primeira das liberdades, apontando que as demais dela decorrem.

b. em tempo de guerra, o direito de ir, vir e ficar pode ser limitado pelo Estado, ainda que esse seja um dos mais fundamentais direitos de primeira geração e, exatamente por essa razão, tenha a característica de ser oponível contra o Estado.
c. a prisão em flagrante e a determinada por ordem judicial são exceções ao direito de locomoção.
d. o *habeas corpus* é o remédio jurídico, previsto constitucionalmente, para que a pessoa que se vê ameaçada em seu direito de locomoção busque a proteção do Poder Judiciário.
e. Todas as alternativas estão corretas.

3. Em se tratando de liberdades públicas, NÃO é correto afirmar que:
    a. intimidade e vida privada são sinônimos na Constituição.
    b. a liberdade de reunião e a de associação se diferenciam pelo ânimo das pessoas em se manterem juntas por tempo indefinido ou não (critério da permanência).
    c. a liberdade de consciência é de foro íntimo e, portanto, enquanto não exteriorizado o pensamento, essa liberdade é absolutamente ilimitada.
    d. as expressões artísticas, embora livres, encontram limites na lei.
    e. o direito de propriedade, antes absoluto e inquestionável, hoje já encontra limites na exigência de que a propriedade cumpra sua função social.

(**8**)

Direitos fundamentais
de segunda dimensão:
direitos sociais

Neste capítulo, iremos aprofundar nossos estudos a respeito dos chamados *direitos sociais*, os quais, porque se constatou historicamente que não bastava à realização do homem que o Estado se abstivesse de agir, vieram para complementar as conquistas relacionadas às liberdades antes reconhecidas. Trataremos em particular dos direitos sociais do homem trabalhador e dos relativos à seguridade, à educação e à cultura.

Como já tivemos oportunidade de estudar, a mera garantia dos direitos de primeira dimensão, a serem exercidos contra o Estado, não foi suficiente para sua plena realização. A igualdade meramente formal, prevista nos ordenamentos constitucionais, por exemplo, não bastou para realizar a igualdade. Muitas são as liberdades públicas, recém-vistas por nós, que só podem ser efetivamente exercidas por alguns membros da sociedade, eis que outros não têm meios de garantir a si tais prerrogativas.

Maria Cláudia Pinheiro (2008), em interessante texto disponibilizado na internet, faz um estudo comparativo entre duas importantes Constituições para o chamado *constitucionalismo social*:

> *A antecipada falência do modelo do constitucionalismo clássico começou a tornar-se mais evidente a partir do fim da primeira guerra e, notadamente, a partir de 1917, quando o sucesso da Revolução Russa e o modo de produção socialista passaram a inspirar e motivar a classe trabalhadora de todo o mundo.*
>
> *E é exatamente neste período que se situam os dois diplomas constitucionais, que, por suas disposições de conteúdo eminentemente social, são tidos como marcos do constitucionalismo social (Constituição Mexicana de 1917 e Constituição de Weimar de 1919).*
>
> *Na realidade, grande parte da doutrina, ao se referir ao advento do constitucionalismo social, menciona, de maneira genérica, como momentos iniciais dessa nova fase constitucional, tanto o advento da Constituição do México como a promulgação da Constituição de Weimar, deixando de fazer qualquer menção individualizadora àquilo que cada um desses textos, per se, trouxe de original e inovador ao corpo das concernentes Cartas Políticas.*

A mesma autora revela que, em face do advento do constitucionalismo social, é extraído dos direitos de primeira dimensão um viés positivo que impõe ao Poder Público uma obrigação de fazer. Dessa maneira, do direito à vida derivam o direito a uma existência digna, o direito à saúde, à assistência social e ao lazer (direitos de segunda dimensão) e, também, o direito a um meio ambiente ecologicamente equilibrado (terceira dimensão). É importante registrar que, não obstante exista como regra um cunho prestacional que caracteriza os direitos de segunda dimensão, alguns autores preferem reconhecer como *liberdades sociais* a liberdade de sindicalização, o direito de greve, a proibição de discriminações e o reconhecimento dos direitos dos trabalhadores, por exemplo. Neste estudo, vamos manter a terminologia *direitos sociais*, embora reconhecendo a validade das considerações que são feitas quanto à existência das chamadas *liberdades sociais*.

Paulo Bonavides (2006, p. 564) aduz que os direitos sociais "nascem abraçados ao princípio da igualdade, do qual não se podem separar". Reis Friede (2005, p. 169) refere que tais direitos são "aqueles que nitidamente objetivam inserir o indivíduo na vida social, permitindo não só que ele tenha acesso aos inúmeros bens que satisfaçam suas necessidades elementares, como ainda encontre, na qualidade de pessoa humana, o seu efetivo bem-estar". No mesmo diapasão, José Afonso da Silva (2005, p. 286) define-os

> como *prestações positivas proporcionadas pelo Estado direta ou indiretamente, enunciadas em normas constitucionais, que possibilitam melhores condições de vida aos mais fracos, direitos que tendem a realizar a igualação de situações sociais desiguais. São, portanto, direitos que se ligam ao direito de igualdade.*

No quadro a seguir, buscamos apontar algumas distinções entre as liberdades públicas clássicas e os direitos sociais.

Quadro 8.1 – Diferenças entre as liberdades públicas e os direitos sociais

Liberdades públicas	Direitos sociais
1. São PODERES DE AGIR (reconhecidos e resguardados pelo Poder Público)	1. São PODERES DE EXIGIR (reivindicações ao Poder Público)
2. REGIME A POSTERIORI (são autoaplicáveis, cabendo à lei estabelecer as fronteiras da liberdade de agir; são regras constitucionais de eficácia plena)	2. REGIME A PRIORI (muitos pressupõem que a lei os regulamente; são regras constitucionais de eficácia limitada)
3. DIMENSÃO NEGATIVA (abstenção do Estado)	3. DIMENSÃO POSITIVA (prestação, ação positiva do Estado)

No Capítulo II do título reservado aos direitos e garantias fundamentais (Título II), art. 6º, a Constituição Federal (Brasil, 1988) proclama: "São direitos sociais a educação, a saúde, o trabalho, a moradia, o lazer, a segurança, a previdência social, a proteção à maternidade e à infância, a assistência aos desamparados, na forma desta Constituição".

É tão ampla a abrangência dessas disposições que, evitando qualquer rigorismo, didaticamente, faremos a seguinte classificação:

a. direitos sociais relativos ao trabalhador;
b. direitos sociais relativos à seguridade;
c. direitos sociais relativos à educação e à cultura.

Longe de pretender esgotar este assunto, o estudo a seguir delineado tem a intenção de, apontando características relacionadas a alguns desses direitos sociais, permitir que o estudante forme um juízo a respeito de sua natureza genérica.

Quanto aos direitos sociais relativos ao trabalhador, podemos dizer que o "direito ao trabalho" propriamente dito, consoante o que demonstra José Afonso da Silva (2005, p. 287), não possui assento constitucional expresso. Embora reconhecendo o trabalho como direito social, a Constituição Federal não possui dispositivo claro que o confira expressamente. Todavia, do conjunto das normas constitucionais relativas ao tema, pode-se alcançar essa interpretação. Lembremo-nos, afinal, de que já foi tratado por nós, como princípio fundamental do Estado brasileiro, o valor social do trabalho, inclusive com referência ao fato de a ordem econômica se fundar em sua valorização (art. 170) e de a ordem social ter por base o primado do trabalho (art. 193).

Por um lado, a Constituição estipula o já comentado direito individual ao livre exercício de qualquer trabalho, ofício ou profissão. Por outro, menciona o direito social ao trabalho, o qual diz respeito ao acesso a uma profissão, à orientação e formação profissionais, à livre escolha do trabalho, o direito à relação de emprego e ao seguro-desemprego (Silva, 2005, p. 289).

É importante esclarecer que, embora extenso, o elenco de direitos previstos no art. 7º da Constituição Federal (Brasil, 1988) para os trabalhadores não pretende ser exaustivo. Ou seja, além daqueles enumerados nos incisos I a XXXVI, podem ser reconhecidos aos trabalhadores outros direitos que visem à melhoria de sua condição social. Ademais, o referido artigo supera a diferenciação que existia anteriormente em relação aos trabalhadores urbanos e rurais, passando a atribuir a uma categoria e à outra os mesmos direitos.

A seguir, é apresentado um quadro esquemático sobre os direitos previstos expressamente no art. 7º da Constituição Federal, com referências à legislação que os regula ou complementa, bem como alguns comentários ou detalhamentos.

Quadro 8.2 – Direitos (sociais) dos trabalhadores

ART. 7º	APONTAMENTOS SOBRE A PREVISÃO CONSTITUCIONAL
I	– Concede proteção relativa contra despedida arbitrária ou sem justa causa. – Indenização compensatória – Art. 10, I, do Ato das Disposições Constitucionais Transitórias (ADCT) e Lei nº 8.036, de 11 de maio de 1990 (Brasil, 1990b) (com a redação dada pela Lei nº 9.491, de 9 de setembro de 1997 – (Brasil, 1997): *Art. 18. Ocorrendo rescisão do contrato de trabalho, por parte do empregador, ficará este obrigado a depositar na conta vinculada do trabalhador no FGTS os valores relativos aos depósitos referentes ao mês da rescisão e ao imediatamente anterior, que ainda não houver sido recolhido, sem prejuízo das cominações legais.* *§ 1º Na hipótese de despedida pelo empregador sem justa causa, depositará este, na conta vinculada do trabalhador no FGTS, importância igual a quarenta por cento do montante de todos os depósitos realizados na conta vinculada durante a vigência do contrato de trabalho, atualizados monetariamente e acrescidos dos respectivos juros.* *§ 2º Quando ocorrer despedida por culpa recíproca ou força maior, reconhecida pela Justiça do Trabalho, o percentual de que trata o § 1º será de 20 (vinte) por cento.* *[...]* – É vedada a dispensa arbitrária ou sem justa causa: a. do empregado eleito para a Comissão Interna de Prevenção de Acidentes (Cipa), desde o registro da candidatura até 1 ano após o final do mandato (art. 10, I, *b*, do ADCT); b. da empregada gestante, desde a confirmação da gravidez até cinco meses após o parto (art. 10, II, *b*, do ADCT).
II	– Seguro-desemprego, com a finalidade de prover assistência financeira temporária ao trabalhador desempregado em virtude de dispensa sem justa causa (desemprego voluntário) – Art. 2º, I, da Lei nº 7.998, de 11 de janeiro de 1990 (Brasil, 1990a) (com a redação dada pela Lei nº 10.608, de 20 de dezembro de 2002 – (Brasil, 2002b).
III	– Fundo de Garantia por Tempo de Serviço (FGTS), regulado pela Lei nº 8.036, de 11 de maio de 1990 (Brasil, 1990b).

(continua)

(Quadro 8.2 – continuação)

Art. 7°	Apontamentos sobre a previsão constitucional
IV	– Salário mínimo, o qual, conforme o art. 76 da Consolidação das Leis do Trabalho (CLT), é a contraprestação mínima devida e paga diretamente pelo empregador a todo trabalhador, inclusive ao trabalhador rural, sem distinção de sexo, por dia normal de serviço, e capaz de satisfazer, em determinada época e região do país, suas necessidades básicas. A Constituição ampliou em muito as necessidades previstas na CLT às quais o salário mínimo deve suprir: moradia, alimentação, educação, saúde, lazer, vestuário, higiene, transporte e previdência social.
V	– Piso salarial: o conceito de piso salarial, originalmente, esteve vinculado à ideia de ser a menor remuneração devida a determinada categoria profissional vinculada a um sindicato. Com a Lei Complementar n° 103, de 14 de julho de 2000, os estados e o Distrito Federal foram autorizados a fixar o piso dos trabalhadores que não o tenham definido em lei federal, convenção ou acordo coletivo.
VI	– Irredutibilidade salarial, salvo o disposto em convenção (coletiva) ou acordo (coletivo). A Lei n° 4.923, de 23 de dezembro de 1965 (Brasil, 1965b) dispôs sobre os critérios de redução de salário: *Art. 2º A empresa que, em face de conjuntura econômica, devidamente comprovada, se encontrar em condições que recomendem, transitoriamente, a redução da jornada normal ou do número de dias do trabalho, poderá fazê-lo, mediante prévio acordo com a entidade sindical representativa dos seus empregados [...], por prazo certo [...] de modo que a redução do salário mensal resultante NÃO SEJA SUPERIOR A 25% (vinte e cinco por cento) do salário contratual, RESPEITADO O SALÁRIO-MÍNIMO [...] reduzidas proporcionalmente a remuneração e as gratificações de gerentes e diretores. [...]* (Brasil, 1965b, grifo do autor)
VII	– Garantia do mínimo para quem recebe remuneração variável.

(Quadro 8.2 – continuação)

Art. 7º	Apontamentos sobre a previsão constitucional
VIII	– Décimo terceiro salário com base na remuneração integral (soma dos benefícios financeiros recebidos pelo empregado, incluindo o salário) ou no valor da aposentadoria – A Lei nº 4.090, de 13 de julho de 1962 (Brasil, 1962) instituiu a gratificação de Natal.
IX	– Remuneração do trabalho noturno superior ao diurno. O art. 73, § 1º, da CLT define que a hora noturna será computada como de 52 minutos e 30 segundos.
X	– Proteção ao salário na forma da lei, sendo considerada crime a retenção dolosa do salário. O Código Penal define como doloso o crime em que o agente quis o resultado ou assumiu o risco de produzi-lo (art. 18, I). Embora esse dispositivo constitucional ainda esteja pendente de regulamentação específica, boa parte da doutrina reconhece de maneira genérica a retenção dolosa do salário como sendo crime de apropriação indébita (art. 168 do Código Penal), o qual se configura quando alguém se apropria de coisa alheia (móvel) da qual tenha a posse ou a detenção.
XI	– Participação nos lucros, ou resultados, desvinculada da remuneração e, excepcionalmente, participação na gestão da empresa, conforme definido em lei. A Lei nº 10.101, de 19 de dezembro de 2000 (Brasil, 2000) define o seguinte: *Art. 2º A participação nos lucros ou resultados será objeto de negociação entre a empresa e seus empregados, mediante um dos procedimentos a seguir descritos, escolhidos pelas partes de comum acordo:* *I – comissão escolhida pelas partes, integrada, também, por um representante indicado pelo sindicato da respectiva categoria;* *II – convenção ou acordo coletivo.* *[...]*

(Quadro 8.2 – continuação)

Art. 7º	Apontamentos sobre a previsão constitucional
XII	– Salário-família pago em razão do dependente do trabalhador de baixa renda. A Lei nº 4.266, de 3 de outubro de 1963 (Brasil, 1963) instituiu o salário-família do trabalhador qualquer que seja o valor e a forma de sua remuneração e na proporção do respectivo número de filhos. A Emenda Constitucional nº 20, de 15 de dezembro de 1998, restringiu a percepção do benefício aos trabalhadores de baixa renda que possuam filho menor (ou equiparado) com até 14 anos de idade ou filho inválido de qualquer idade.
XIII a XVII	– Duração da jornada de trabalho: no máximo, 8 horas diárias (4 + 4 com intervalo intrajornada ou 6 horas para trabalho em turnos ininterruptos de revezamento) e 44 horas semanais. – Repouso semanal remunerado, preferencialmente aos domingos. – Remuneração das horas extras com acréscimo mínimo de 50% do valor da hora normal. – Férias anuais remuneradas com, pelo menos, um terço a mais que o salário normal.
XVIII e XIX	– Licença-gestante de 120 dias, sem prejuízo do emprego ou salário. Ver art. 10, II, *b*, do ADCT, referente à estabilidade provisória da gestante. – Licença-paternidade de 5 dias. Ver art. 10, § 1º, do ADCT.
XX	– Proteção do mercado de trabalho da mulher.
XXI	– Aviso prévio proporcional ao tempo de serviço, sendo, no mínimo, de 30 dias.
XXII	– Redução de riscos por meio de normas de saúde, higiene e segurança.
XXIII	– Adicional de remuneração para atividades penosas, insalubres e perigosas.
XXIV	– Aposentadoria.
XXV	– Assistência gratuita aos filhos e dependentes desde o nascimento até os 5 anos de idade em creches e pré-escolas.

(Quadro 8.2 – conclusão)

Art. 7º	Apontamentos sobre a previsão constitucional
XXVI	– Reconhecimento das convenções coletivas e acordos coletivos de trabalho.
XXVII	– Proteção em face da automação.
XXVIII	– Seguro contra acidentes de trabalho, a cargo do empregador, sem excluir a indenização a que este está obrigado, quando incorrer em dolo ou culpa.
XXIX	– Ação quanto aos créditos da relação de trabalho, com prazo prescricional de 5 anos até o limite de 2 anos após a extinção do contrato.
XXX	– Proibição de diferença de salários, de exercício de funções e de critério de admissão por motivo de sexo, idade, cor ou estado civil.
XXXI	– Proibição de discriminação no tocante a salário e critérios de admissão do trabalhador portador de deficiência.
XXXII	– Proibição de distinção entre trabalho manual, técnico e intelectual ou entre os profissionais respectivos.
XXXIII	– Proibição de trabalho noturno, perigoso ou insalubre a menores de 18 e de qualquer trabalho a menores de 16 anos, salvo na condição de aprendiz, a partir de 14 anos.
XXXIV	– Igualdade de direitos entre o trabalhador empregado permanente e o avulso. O inciso VI do art. 12 da Lei nº 8.212, de 24 de julho de 1991 (Brasil, 1991a) define como trabalhador avulso: "[...] *quem presta, a diversas empresas, sem vínculo empregatício, serviços de natureza urbana ou rural definidos no regulamento [...]*". Importante salientar que a atividade desse trabalhador será sempre intermediada por um sindicato.
Parágrafo único.	São assegurados à categoria dos trabalhadores domésticos os direitos previstos nos incisos IV, VI, VIII, XV, XVII, XVIII, XIX, XXI e XXIV, bem como a sua integração à previdência social.

Fonte: Brasil, 1988.

Percebe-se que, em relação aos empregados domésticos, persevera uma diferenciação, pois nem todos os direitos assegurados aos trabalhadores urbanos e rurais o são para os empregados domésticos.

A doutrina reconhece que essa diferenciação se dá em face da natureza da atividade do empregador. Assim, aquele que trabalha em atividade agropastoril com finalidade lucrativa é empregado rural; se, no entanto, exerce sua atividade laboral em empresa de natureza industrial, comercial ou de prestação de serviços que não seja agropastoril e tenha finalidade de lucro, é empregado urbano. É doméstico o empregado que presta serviços de finalidade não lucrativa à pessoa ou à família no âmbito de suas residências.

Sabemos que, apesar da previsão constitucional, há direitos sociais relativos aos trabalhadores que não chegaram a ser implementados porque não foram editadas as normas regulamentadoras que a Constituição exige, como o aviso prévio proporcional ao tempo de serviço (art. 7º, XXI), o adicional de penosidade (art. 7º, XXIII) e a proteção em face da automação (art. 7º, XXVII).

O art. 8º da Constituição Federal dispõe sobre associação profissional e sindical, sendo ambas, a rigor, associações profissionais. Os sindicatos, no entanto, têm prerrogativas especiais, tais como: (a) defender os interesses coletivos ou individuais da categoria, até em questões judiciais e administrativas; (b) participar de negociações coletivas de trabalho e celebrar convenções e acordos coletivos; (c) eleger ou designar representantes da respectiva categoria; (d) impor contribuições a todos aqueles que participam das categorias econômicas ou profissionais representadas (Silva, 2005, p. 290).

Segue quadro correspondente ao art. 8º da Constituição Federal, com referências legislativas complementares e, em síntese, as disposições normativas.

Quadro 8.3 – Direitos sociais dos trabalhadores (coletivos)

Art. 8º	Apontamentos sobre a previsão constitucional
I	– É livre a fundação de sindicato, exigido o registro no órgão competente, vedadas ao Poder Público a interferência e a intervenção na organização sindical. (Princípio da liberdade sindical)
II	– É vedada a criação de mais de uma organização sindical, em qualquer grau, representativa de categoria profissional ou econômica, na mesma base territorial, que será definida pelos trabalhadores ou empregadores interessados, não podendo ser inferior à área de um município. (Princípio da unicidade sindical)
III	– Ao sindicato cabe a defesa dos direitos e interesses coletivos ou individuais da categoria, inclusive em questões judiciais ou administrativas (não restrita aos associados).
IV	– A assembleia geral fixará a contribuição que, em se tratando de categoria profissional, será descontada em folha, para custeio do sistema confederativo da representação sindical respectiva, independentemente da contribuição prevista em lei. – O Precedente Normativo nº 119 da Seção Especializada em Dissídios Coletivos (SDC) do Tribunal Superior do Trabalho (TST) assim decidiu: *CONTRIBUIÇÕES SINDICAIS – INOBSERVÂNCIA DE PRECEITOS CONSTITUCIONAIS – (nova redação dada pela SDC em sessão de 02.06.1998 – homologação Res. 82/1998, DJ 20.08.1998):* *"A Constituição da República, em seus arts. 5º, XX e 8º, V, assegura o direito de livre associação e sindicalização. É ofensiva a essa modalidade de liberdade cláusula constante de acordo, convenção coletiva ou sentença normativa estabelecendo contribuição em favor de entidade sindical a título de taxa para custeio do sistema confederativo, assistencial, revigoramento ou fortalecimento sindical e outras da mesma espécie, obrigando trabalhadores não sindicalizados. Sendo nulas as estipulações que inobservem tal restrição, tornam-se passíveis de devolução os valores irregularmente descontados."*

(continua)

(Quadro 8.3 – conclusão)

Art. 8º	Apontamentos sobre a previsão constitucional
V	– Ninguém será obrigado a filiar-se ou a manter-se filiado a sindicato (ver art. 5º, XX).
VI	– É obrigatória a participação dos sindicatos nas negociações coletivas de trabalho. A doutrina aponta que, na prática, o que se exige é a participação do sindicato profissional, em face da hipossuficiência dos trabalhadores, não sendo efetiva a obrigatoriedade da participação do sindicato econômico (patronal).
VII	– O aposentado filiado tem direito a votar e ser votado.
VIII	– É vedada a dispensa do empregado sindicalizado a partir do registro da candidatura a cargo de direção ou representação sindical e, se eleito, ainda que suplente, até um ano após o final do mandato, salvo se cometer falta grave nos termos da lei. O art. 543, § 3º, da CLT assim dispõe: *[...]* *Fica vedada a dispensa do empregado sindicalizado ou associado, a partir do momento do registro de sua candidatura a cargo de direção ou representação de entidade sindical ou de associação profissional, até 1 (um) ano após o final do seu mandato, caso seja eleito inclusive como suplente, salvo se cometer falta grave devidamente apurada nos termos desta Consolidação.* *[...]* Percebe-se que a Constituição não contemplou os dirigentes de associações profissionais. Denomina-se a vedação de dispensa de *estabilidade provisória*. Gozam dessa estabilidade tanto os dirigentes quanto seus suplentes.

Fonte: Brasil, 1988.

O direito de greve está previsto no art. 9º da Constituição Federal e, com a regulamentação da Lei nº 7.783, de 28 de junho de 1989 (Brasil, 1989), considera-se legítimo exercício do direito de greve a suspensão coletiva, temporária e pacífica, total ou parcial, de prestação pessoal de serviços a empregador (art. 2º). Pela Lei da Greve, são serviços ou atividades essenciais: (I) tratamento e abastecimento de água; produção e distribuição de energia elétrica, gás e combustíveis; (II) assistência médica e hospitalar; (III) distribuição e comercialização de medicamentos e alimentos; (IV) funerários; (V) transporte coletivo; (VI) captação e tratamento de esgoto e lixo; (VII) telecomunicações; (VIII) guarda, uso e controle de substâncias radioativas, equipamentos e materiais nucleares; (IX) processamento de dados ligados a serviços essenciais; (X) controle de tráfego aéreo e (XI) compensação bancária. Em conformidade com o que dispõe a lei, nos serviços ou atividades essenciais, os sindicatos, os empregadores e os trabalhadores ficam obrigados, de comum acordo, a garantir, durante a greve, a prestação dos serviços indispensáveis ao atendimento das necessidades inadiáveis da comunidade. São consideradas necessidades inadiáveis da comunidade aquelas que, não atendidas, coloquem em perigo iminente a sobrevivência, a saúde ou a segurança da população (art. 11).

Carlos Henrique Bezerra Leite (2002), em artigo disponibilizado na internet, faz interessantes referências ao enquadramento do direito de greve nas dimensões dos direitos fundamentais:

> *é possível afirmar que a greve, a partir do momento em que passa a ter sede nas Constituições dos países ocidentais, tal como ocorre nos ordenamentos brasileiro, espanhol e português, passa a ser considerada um direito fundamental dos trabalhadores. Trata-se, pois, de um direito fundamental da pessoa humana que se insere na moldura das chamadas dimensões dos direitos humanos.*
> *[...]*

Vale dizer, a greve constitui, a um só tempo, direito de primeira, de segunda e de terceira dimensão, na medida em que enquadra-se simultaneamente como:

a. direito de liberdade ou de primeira dimensão, pois implica um non facere por parte do Estado, ou seja, um status negativus estatal que reconhece as liberdades públicas e o direito subjetivo de reunião entre pessoas para fins pacíficos;

b. direito de igualdade, ou de segunda dimensão, porque é pelo exercício do direito de greve que os trabalhadores pressionam os respectivos tomadores de seus serviços, visando à melhoria de suas condições sociais e corrigindo, dessa forma, a desigualdade econômica produzida pela concentração de riquezas inerente ao regime capitalista, mormente numa economia globalizada. Tanto é assim que a Constituição brasileira de 1988 (art. 9º) considera a greve um direito social fundamental dos trabalhadores;

c. direito de fraternidade ou de terceira dimensão, na medida em que a greve representa inequivocamente uma manifestação de solidariedade entre pessoas, o que reflete, em última análise, a ideologia da paz, do progresso, do desenvolvimento sustentado, da comunicação e da própria preservação da família humana. Além disso, a greve, por ser um direito coletivo social dos trabalhadores, pode ser tipificada como uma espécie de direito ou interesse metaindividual ou, na linguagem do Código de Defesa do Consumidor (art. 81, par. único, II), um direito ou interesse coletivo. (Leite, 2002, grifo do original)

Os arts. 10 e 11 da Constituição Federal podem ser enquadrados como direitos sociais de participação. O primeiro, que não é típico dos trabalhadores, assegura a estes e aos empregadores que participem nos colegiados dos órgãos públicos em que seus interesses profissionais ou previdenciários sejam objeto de discussão e deliberação. O art. 11, por sua vez, estipula que, nas empresas com mais de duzentos empregados, deve ser eleito um representante destes com a finalidade exclusiva de promover-lhes o entendimento direto com os empregadores.

Em relação à seguridade social, por seu turno, cabe remeter nossas reflexões ao art. 194 da Constituição Federal, o qual define que ela compreende um conjunto integrado de ações de iniciativa dos poderes públicos e da sociedade destinadas a assegurar os direitos relativos à saúde, à previdência e à assistência social. Também em relação à previsão da seguridade social, as Constituições do México de 1917 (art. 123) e a de Weimar de 1919 (art. 163) foram pioneiras, tendo a alemã claramente definido que ao Estado cabe prover a subsistência do cidadão alemão, caso não lhe possa proporcionar a oportunidade de um trabalho produtivo que lhe permita subsistir.

A Constituição de 1988 enfeixou os conceitos de previdência social, saúde e assistência social sob a denominação de *seguridade social* (arts. 194 a 204).

Após a Constituição de 1988, a seguridade social foi reestruturada pelos seguintes diplomas legais: Lei nº 8.080, de 19 de setembro de 1990 (Brasil, 1990c), que regulou as ações e serviços de saúde; as Leis nº 8.212 (Brasil, 1991a) e 8.213, de 24 de julho de 1991 (Brasil, 1991b), que criaram, respectivamente, o Plano de Organização e Custeio da Seguridade Social e o Plano de Benefícios da Previdência Social; e a Lei nº 8.742, de 7 de dezembro de 1993 (Brasil, 1993) – Lei Orgânica de Assistência Social (Loas).

Busca-se identificar a diferenciação entre seguridade e previdência social nos próprios dispositivos constitucionais.

Quadro 8.4 – Diferenças entre previdência e seguridade social

PREVIDÊNCIA SOCIAL	ASSISTÊNCIA SOCIAL
Art. 201. A previdência social será organizada sob a forma de regime geral, de CARÁTER CONTRIBUTIVO E DE FILIAÇÃO OBRIGATÓRIA, observados critérios que preservem o equilíbrio financeiro e atuarial, e atenderá, nos termos da lei, a: I – cobertura dos eventos de doença, invalidez, morte e idade avançada; II – proteção à maternidade, especialmente à gestante; III – proteção ao trabalhador em situação de desemprego involuntário; IV – salário-família e auxílio reclusão para os dependentes dos segurados de baixa renda; V – pensão por morte do segurado, homem ou mulher, ou cônjuge ou companheiro e dependentes, observado o disposto no § 20. [...]	Art. 203. A assistência social será prestada a quem dela necessitar, INDEPENDENTEMENTE DE CONTRIBUIÇÃO À SEGURIDADE SOCIAL, e tem por objetivos: I – a proteção à família, à maternidade, à infância, à adolescência e à velhice; II – o amparo às crianças e adolescentes carentes; III – a promoção da integração ao mercado de trabalho; IV – a habilitação e reabilitação das pessoas portadoras de deficiência e a promoção de sua integração à vida comunitária; V – a garantia de um salário mínimo de benefício mensal à pessoa portadora de deficiência e ao idoso que comprovem não possuir meios de prover a própria manutenção ou de tê-la provida por sua família, conforme dispuser em lei.

Perceba-se que, se, por um lado, a noção de previdência social tem o caráter de seguro e pressupõe contribuição para posterior cobertura dos eventos previstos na lei, por outro, a assistência social é provida pelo Estado a quem dela necessite.

Os arts. 205 a 216 da Constituição reúnem as disposições constitucionais sobre educação e cultura, sem que deixemos de considerar, é óbvio, outras menções relativas a esses dois temas dispersas na Lei Maior.

Quadro 8.5 – Direitos (sociais) relativos à educação e à cultura

Artigo	Apontamentos sobre a previsão constitucional
205	– A educação, direito de todos e dever do Estado e da família, será promovida e incentivada com a colaboração da sociedade, visando ao pleno desenvolvimento da pessoa, seu preparo para o exercício da cidadania e sua qualificação para o trabalho.
206	– Princípios básicos do ensino: - igualdade de condições para o acesso e permanência na escola; - liberdade de aprender, ensinar, pesquisar e divulgar o pensamento, a arte e o saber; - pluralismo de ideias e de concepções pedagógicas, e coexistência de instituições públicas e privadas de ensino; - gratuidade do ensino público em estabelecimentos oficiais; - valorização dos profissionais da educação escolar; - gestão democrática do ensino público; - garantia de padrão de qualidade; - piso salarial profissional nacional para os profissionais da educação escolar pública.
207	– Autonomia universitária.
208	– Deveres do Estado: I – ensino fundamental, obrigatório e gratuito, assegurada, inclusive, sua oferta gratuita para todos os que a ele não tiveram acesso na idade própria; II – progressiva universalização do ensino médio gratuito; III – atendimento educacional especializado aos portadores de deficiência, preferencialmente na rede regular de ensino; IV – educação infantil, em creche e pré-escola, às crianças até 5 (cinco) anos de idade; V – acesso aos níveis mais elevados do ensino, da pesquisa e da criação artística, segundo a capacidade de cada um; VI – oferta de ensino noturno regular, adequado às condições do educando; VII – atendimento ao educando, no ensino fundamental, através de programas suplementares de material didático escolar, transporte, alimentação e assistência à saúde.

(continua)

(Quadro 8.5 – continuação)

Artigo	Apontamentos sobre a previsão constitucional
209	– O ensino é livre à iniciativa privada.
210	– Fixação de conteúdos mínimos para o ensino fundamental. – A matrícula no ensino religioso é facultativa nas escolas públicas. – Ensino fundamental em língua portuguesa, assegurada a utilização das línguas indígenas às respectivas comunidades, bem como processos próprios de aprendizagem.
211	– Organização dos sistemas de ensino.
212	– Investimento público na educação: mínimo 25% da receita proveniente de impostos.
213	– Destinação dos recursos públicos: - Escolas públicas; - Escolas comunitárias, confessionais e filantrópicas que comprovem finalidade não lucrativa e apliquem seus excedentes financeiros em educação, assegurando a destinação de seu patrimônio a outra escola comunitária, confessional, filantrópica ou pública no caso de encerramento das atividades.
214	Plano Nacional de Educação com vistas à: - erradicação do analfabetismo; - universalização do atendimento escolar; - melhoria da qualidade do ensino; - formação para o trabalho; - promoção humanística, científica e tecnológica do país.
215	– Garantia do pleno exercício dos direitos culturais e acesso às fontes de cultura. – Apoio e incentivo à valorização e difusão das manifestações culturais. – Proteção às manifestações das culturas populares, indígenas, afro-brasileiras e de outros grupos participantes do processo civilizatório nacional. – Plano Nacional de Cultura.

(Quadro 8.5 – conclusão)

Artigo	Apontamentos sobre a previsão constitucional
216	– Patrimônio cultural brasileiro: bens de natureza material e imaterial, tomados individualmente ou em conjunto, portadores de referência à identidade, à ação, à memória dos diferentes grupos formadores da sociedade brasileira, nos quais se incluem: - as formas de expressão; - os modos de criar, fazer e viver; - as criações científicas, artísticas e tecnológicas; - as obras, objetos, documentos, edificações e demais espaços destinados às manifestações artístico-culturais; - os conjuntos urbanos e sítios de valor histórico, paisagístico, artístico, arqueológico, paleontológico, ecológico e científico. – Cabe ao Poder Público, com a colaboração da comunidade, promover e proteger o patrimônio cultural brasileiro.

Por fim, cabe aqui uma remissão ao pensamento do ilustre jurista e professor gaúcho Ingo Sarlet (2001, p. 404), quando ele faz remeter os direitos sociais, em última análise, aos chamados *direitos individuais*:

> *todos os direitos fundamentais consagrados em nossa Constituição (mesmo os que não integram o Título II) são, na verdade e em última análise, direitos de titularidade individual, ainda que alguns sejam de expressão coletiva. É o indivíduo que tem assegurado o direito de voto, assim como é o indivíduo que tem direito à saúde, assistência social, aposentadoria etc.*

O mesmo autor argumenta, ainda, que o direito ao meio ambiente saudável, como dispõe o art. 225 de nossa Carta Magna, pode ser reconduzido a uma dimensão individual, mesmo se enquadrado entre os direitos de terceira dimensão, pois, em caso de reparação, esta será individual. É certo que, ainda que não se queira compartilhar desse entendimento, o que não é o nosso caso, não há como negar a dimensão individual da maioria dos direitos fundamentais.

Ainda há polêmica em relação aos direitos sociais e, em especial, no quanto diga respeito à sua efetividade e eficácia social. Ocorre que vários dos direitos sociais sobre os quais tratamos dependem que o legislador os regulamente para se tornarem aplicáveis e efetivos. De toda maneira, estão postos os compromissos e, com eles, se fortalece a dinâmica dos direitos fundamentais.

Atividades

1. No que tange aos direitos sociais, a doutrina tem sido uníssona em afirmar que têm como características primordiais:
   a. o fato de se revestirem de um componente ideológico marcante, pois são direitos de defesa do indivíduo diante do Poder Público.
   b. o fato de se configurarem como poderes de exigir, de reivindicar ao Poder Público melhores condições de vida.
   c. o fato de serem todos "autoaplicáveis", não exigindo lei que os regulamente.
   d. As alternativas "a", "b" e "c" estão corretas.
   e. Nenhuma alternativa está correta.

2. Acerca dos direitos sociais do trabalhador, pode ser dito que:
   a. a Constituição Federal instituiu proteção relativa contra a despedida arbitrária ou sem justa causa.
   b. o Fundo de Garantia do Tempo de Serviço (FGTS) tornou-se, com a Constituição de 1988, um direito de todos os trabalhadores empregados.

c. o trabalhador tem direito constitucional ao 13º salário (gratificação natalina).

d. é direito do trabalhador uma jornada de trabalho que não exceda 8 (oito) horas diárias, remuneradas as horas extras com acréscimo mínimo de 50%.

e. Todas as alternativas estão corretas.

3. São direitos coletivos dos trabalhadores:

a. a sindicalização.

b. a participação obrigatória dos sindicatos como condição ao exercício do direito de greve.

c. a greve que suspenda totalmente os serviços de transporte coletivo.

d. As alternativas "a", "b" e "c" estão corretas.

e. Nenhuma alternativa está correta.

(9)

Direitos fundamentais de terceira
e quarta dimensão: direitos de
solidariedade e globalização
dos direitos fundamentais

Agora que já tivemos oportunidade de examinar as duas primeiras dimensões dos direitos fundamentais, torna-se evidente o caráter de complementaridade que as caracteriza. Na mesma linha de raciocínio, os direitos que serão objeto de estudo agora vêm para complementar os anteriores em face das demandas mais atuais da sociedade.

Como já foi dito antes, não se trata de pretender que tenhamos concretizado e conquistado os pleitos relacionados às liberdades públicas e aos direitos sociais, mas, sim, que não descuidaremos de acompanhar a evolução social para enxergar as novas exigências.

Ao tratarmos dos chamados *direitos de terceira dimensão*, não há como deixar para trás uma referência a um dos mais importantes marcos históricos do constitucionalismo: a Revolução Francesa. Ocorre que, como bem diz Paulo Bonavides (2006, p. 521), a Revolução de 1789 profetizou a "sequência histórica de sua gradativa institucionalização: liberdade, igualdade e fraternidade". Assim, os direitos de primeira dimensão, como vimos, correlacionam-se mais diretamente à liberdade; os de segunda dimensão, à igualdade; e os de terceira dimensão são direitos de solidariedade e fraternidade.

Quanto aos últimos, objeto de estudo neste capítulo, já foi dito que objetivam proteger o próprio gênero humano, sendo coletiva sua titularidade, aliás, não poucas vezes indefinida e indeterminada. Extrapolando os limites de Estados determinados, tais direitos dirigem-se à coletividade humana e autorizam a ideia de uma regulamentação trans e multifronteiriça. Ou seja, mais do que previsão na legislação interna dos países, os direitos de solidariedade e fraternidade reclamam uma regulamentação universal.

(9.1)
Direito ao meio ambiente sadio e equilibrado

É inegável a importância do meio ambiente para a vida humana, pois sua deterioração representa sério risco à existência do homem na face da Terra. Portanto, pode-se (e deve-se!) considerar o direito fundamental a um meio ambiente sadio e equilibrado um direito e um dever da coletividade.

Nós, os seres humanos, temos direito à manutenção das condições de vida no planeta, a respirar ar puro, a dispor de água limpa e contar com alimentos não contaminados. Tudo o que tem acontecido nos últimos anos demonstra de maneira inequívoca a necessidade de estarmos todos preocupados em relação ao meio ambiente, haja vista a escassez de água, os derrames de petróleo nos oceanos, a destruição massiva da camada de ozônio, as chuvas ácidas, o descongelamento das calotas polares, a desertificação de imensas áreas de terra, o desflorestamento, a extinção de espécies.

Asthriesslav Rocuts (2008), professora da Unesco, destaca a extensão que tem o direito ao meio ambiente sadio e equilibrado, apontando que o princípio da corresponsabilidade é uma das bases para sua proteção.

Logo a seguir, serão apresentadas de maneira sintética as disposições constitucionais sobre o meio ambiente e alguma legislação que as complementa ou regulamenta.

Quadro 9.1 – *Disposições constitucionais relativas ao meio ambiente*

Artigo	Apontamentos sobre a previsão constitucional
5º, LXXIII, e 129, III	– Qualquer cidadão é parte legítima para propor ação popular que vise anular ato lesivo ao meio ambiente, isento de custas judiciais e do ônus da sucumbência (5º, LXXIII). A Lei nº 4.717, de 29 de junho 1965 (Brasil, 1965a) regulamenta a ação popular, sendo esta um verdadeiro instrumento do exercício da cidadania, permitindo que qualquer membro da coletividade invoque a proteção do Poder Judiciário a interesses coletivos. É função institucional do Ministério Público promover a ação civil pública para a proteção do meio ambiente (129, III).

(continua)

(Quadro 9.1 – continuação)

Artigo	Apontamentos sobre a previsão constitucional
23, VI	– É competência comum da União, dos estados, do Distrito Federal e dos municípios proteger o meio ambiente e combater a poluição em qualquer de suas formas.
24, VI, e VIII	– Compete, concorrentemente, à União, aos estados e ao Distrito Federal legislar sobre florestas, caça, pesca, fauna, conservação da natureza, defesa do solo e dos recursos naturais, proteção do meio ambiente e controle da poluição (VI) e sobre a responsabilidade por dano ao meio ambiente (VIII).
170, VI	– A defesa do meio ambiente, inclusive mediante tratamento diferenciado conforme o impacto ambiental dos produtos e serviços e de seus processos de elaboração e prestação, é princípio geral da atividade econômica.
186	– A função social da propriedade rural é cumprida, entre outros requisitos, quando utiliza adequadamente os recursos naturais disponíveis e preserva o meio ambiente.
200	– Compete ao Sistema Único de Saúde, entre outras atribuições, colaborar na proteção do meio ambiente.
220	– Compete à lei federal estabelecer os meios legais que garantam à pessoa e à família a possibilidade de se defenderem de propagandas de produtos, práticas e serviços que possam ser nocivos ao meio ambiente.
225	– Todos têm direito ao meio ambiente ecologicamente equilibrado, bem de uso comum do povo e essencial à sadia qualidade de vida, impondo-se ao Poder Público e à coletividade o dever de defendê-lo e preservá-lo para as presentes e futuras gerações.
225, § 1º	– Para assegurar a efetividade do direito ao meio ambiente sadio e equilibrado, são incumbências do Poder Público: I – preservar e restaurar os processos ecológicos essenciais e prover o manejo ecológico das espécies e ecossistemas; II – preservar a diversidade e a integridade do patrimônio genético do país e fiscalizar as entidades dedicadas à pesquisa e manipulação de material genético;

(Quadro 9.1 – conclusão)

Artigo	Apontamentos sobre a previsão constitucional
225, § 1º	III – definir, em todas as unidades da Federação, espaços territoriais e seus componentes a serem especialmente protegidos, sendo a alteração e a supressão permitidas somente através de lei, vedada qualquer utilização que comprometa a integridade dos atributos que justifiquem sua proteção; IV – exigir, na forma da lei, para instalação de obra ou atividade potencialmente causadora de significativa degradação do meio ambiente, estudo prévio de impacto ambiental, a que se dará publicidade; V – controlar a produção, a comercialização e o emprego de técnicas, métodos e substâncias que comportem risco para a vida, a qualidade de vida e o meio ambiente; VI – promover a educação ambiental em todos os níveis de ensino e a conscientização pública para a preservação do meio ambiente; VII – proteger a fauna e a flora, vedadas, na forma da lei, as práticas que coloquem em risco sua função ecológica, provoquem a extinção de espécies ou submetam os animais a crueldade.
225, § 2º	– Aquele que explorar recursos minerais fica obrigado a recuperar o meio ambiente degradado (solução técnica exigida pelo órgão público competente).
225, § 3º	– As condutas e atividades lesivas ao meio ambiente sujeitarão os infratores, pessoas físicas ou jurídicas, a sanções penais e administrativas, independentemente da obrigação de reparar os danos causados.
225, § 4º	– A Floresta Amazônica brasileira, a Mata Atlântica, a Serra do Mar, o Pantanal Mato-Grossense e a Zona Costeira são patrimônio nacional e sua utilização será feia dentro de condições que assegurem a preservação do meio ambiente, inclusive quanto ao uso dos recursos naturais.
225, §§ 5º e 6º	– São indisponíveis as terras arrecadadas pelos Estados necessárias à proteção dos ecossistemas naturais (5º) e as usinas que operem com reator nuclear deverão ter sua localização definida em lei federal, sem o que não poderão ser instaladas (6º).

No Mandado de Segurança nº 22164-0/SP (Brasil, 1995), de 30 de outubro de 1995, o Tribunal Pleno do Supremo Tribunal Federal, tendo sido relator o Ministro Celso de Mello, ao decidir acerca de questão concernente ao direito ao meio ambiente sadio e equilibrado, proclamou que:

> [...] Enquanto os direitos de primeira geração (direitos civis e políticos) – que compreendem as liberdades clássicas, negativas ou formais – realçam o princípio da liberdade e os direitos de segunda geração (direitos econômicos, sociais e culturais) – que se identificam com as liberdades positivas, reais ou concretas – acentuam o princípio da igualdade, os direitos de terceira geração, que materializam poderes de titularidade coletiva atribuídos genericamente a todas as formações sociais, consagram o princípio da solidariedade e constituem um momento importante no processo de desenvolvimento, expansão e reconhecimento dos direitos humanos, caracterizados, enquanto valores fundamentais indisponíveis, pela nota de uma essencial inexauribilidade. [...]

Perceba que essa decisão do STF, muito embora tenha sido proferida quando o tema era direito do meio ambiente, traz-nos um apanhado geral acerca das gerações dos direitos fundamentais.

(9.2)
Direito ao desenvolvimento

A Assembleia Geral das Nações Unidas, em 4 de dezembro de 1986, pela Resolução nº 41/128, adotou a Declaração sobre o Direito ao Desenvolvimento, a qual prevê, em seu art. 1º, parágrafo 1º, que:

O direito ao desenvolvimento é um direito humano inalienável, em virtude do qual toda pessoa e todos os povos estão habilitados a participar do desenvolvimento econômico, social, cultural e político, para ele contribuir e dele desfrutar, no qual todos os direitos humanos e liberdades fundamentais possam ser plenamente realizados.
[...]

Também, segundo o art. 2º, parágrafo 2º,

[...]
todos os seres humanos têm responsabilidade pelo desenvolvimento, individual e coletivamente, levando-se em conta a necessidade de pleno respeito aos seus direitos humanos e liberdades fundamentais, bem como seus deveres para com a comunidade, que sozinhos podem assegurar a realização livre e completa do ser humano e deveriam por isso promover e proteger uma ordem política, social e econômica apropriada para o desenvolvimento
[...]

Fica bem acentuada a dimensão solidária desse direito no parágrafo 3º do art. 3º daquela mesma declaração, pois ali está explicitado que:

[...]
os Estados têm o dever de cooperar uns com os outros para assegurar o desenvolvimento e eliminar os obstáculos ao desenvolvimento. Os Estados deveriam realizar seus direitos e cumprir suas obrigações, de modo tal a promover uma nova ordem econômica internacional, baseada na igualdade soberana, interdependência, interesse mútuo e cooperação entre todos os Estados, assim como a encorajar a observância e a realização dos direitos humanos.
[...]

(9.3)
Direito à paz

A defesa da paz é o princípio que rege as relações internacionais de nosso país, bem como a solução pacífica dos conflitos (art. 4º). O direito à paz expressa uma das maiores aspirações da humanidade.

A Declaração Universal dos Direitos Humanos, adotada e proclamada pela Resolução nº 217 A (III) da Assembleia Geral das Nações Unidas em 10 de dezembro de 1948, embora não tenha nenhum artigo específico sobre o direito à paz, contém em seu bojo esse reconhecimento. E isso podemos concluir especialmente pelo fato de ter sido esta uma declaração universal de direitos proclamada logo após a Segunda Guerra Mundial.

Em 6 de outubro de 1999, a Assembleia Geral da ONU, por meio da Resolução nº 53/243, proclamou a Declaração sobre uma Cultura de Paz, que reconhece que a paz não só é a ausência de conflitos, como também requer um processo positivo, dinâmico e participativo em que se promova o diálogo e se solucionem os conflitos em um espírito de entendimento e cooperação mútuos.

Em seu art. 1º, essa declaração define que uma cultura de paz é um conjunto de valores, atitudes, tradições, comportamentos e estilos de vida que têm as seguintes bases (ONU, 1960):

a. *o respeito à vida, o fim da violência e a promoção e prática da não violência por meio da educação, do diálogo e da cooperação;*

b. *o respeito pleno dos princípios de soberania, integridade territorial e independência política dos Estados e não* ingerência nos assuntos que são essencialmente de jurisdição interna dos Estados, conforme a Carta das Nações Unidas e o Direito Internacional;

c. o respeito pleno e a promoção de todos os direitos humanos e das liberdades fundamentais;

d. o compromisso com a solução pacífica dos conflitos;

e. os esforços para satisfazer as necessidades de desenvolvimento e proteção do meio ambiente das gerações presentes e futuras;

f. o respeito e a promoção do direito ao desenvolvimento;

g. o respeito e o fomento da igualdade de direitos e oportunidades de mulheres e homens;

h. o respeito e o fomento do direito de todas as pessoas à liberdade de expressão, opinião e informação;

i. a adesão aos princípios de liberdade, justiça, democracia, tolerância, solidariedade, cooperação, pluralismo, diversidade cultural, diálogo e entendimento a todos os níveis da sociedade e entre as nações e animados por um entorno nacional e internacional que favoreça a paz.

Com base nessas normativas internacionais, fica bastante evidente que a dimensão da paz é muito mais ampla que a simples evitação da guerra. Não há dúvida de que, quanto à realização desse direito de todas as pessoas e de todos os povos, a humanidade tem muito ainda a caminhar. Não obstante, estão postos os desafios, tendo sido estes densificados ao longo da história.

(9.4)
Direito à autodeterminação dos povos

O direito à autodeterminação dos povos consta da Declaração sobre a Concessão da Independência aos Países e Povos Coloniais, de 1960, e está incluído nas Convenções de 1966 sobre direitos civis e políticos e sobre direitos econômicos, sociais e culturais.

A Declaração de 1960 (ONU, 1960) proclama que:

> *a sujeição dos povos a uma subjugação, dominação e exploração estrangeiras constitui uma denegação dos direitos humanos fundamentais, é contrária à Carta das Nações Unidas e compromete a cauda da paz e da cooperação mundiais;*

Também está dito no referido documento internacional que todos os povos têm direito à livre determinação e, em virtude desse direito, determinam livremente sua condição política e perseguem livremente seu desenvolvimento econômico, social e cultural.

(9.5)
Direitos de quarta dimensão: novíssimas tendências

As descobertas científicas, as invenções, os avanços questionam nossos valores, colocam em xeque muitas das certezas que tínhamos. O mundo globalizado derruba fronteiras, mobiliza forças e capitais por todo lado e nos faz viver em uma verdadeira aldeia global. E são tantas as reivindicações da humanidade diante de tantos desafios que, como vimos anteriormente, há quem já enxergue o delineamento de uma quarta dimensão de direitos fundamentais.

Já manifestamos um posicionamento segundo o qual tais aspirações humanas são saudáveis esperanças de um futuro melhor. E isso não as desmerece, tampouco lhes tira o componente de imprescindibilidade. São todas verdadeiras "urgências da vida".

Em verdade, apenas há que ser dito que o ser humano ainda tem muito a fazer em prol de si mesmo e da humanidade. Essas tendências atualíssimas são tão somente NOVAS REIVINDICAÇÕES que se juntam a todas as demais e reclamam realização concreta.

Apenas para exemplificar, trataremos, a seguir, de dois desses direitos que têm sido identificados como de quarta dimensão.

Direitos relacionados à engenharia genética

Os avanços tecnológicos têm feito o mundo experimentar novidades absolutamente impensáveis há bem pouco tempo. A ciência evolui e a humanidade assiste, às vezes pasma, à fertilização assistida, às manipulações, aos diagnósticos e às terapias genéticas, aos clones etc. Hoje se fala em engenharia genética, em biossegurança, em células tronco, e questões éticas, morais e religiosas são discutidas acirradamente em face dos progressos científicos.

Obviamente, o direito não pode ficar alheio a isso tudo, muito embora costume ser sempre muito mais lento do que a sociedade. Um antigo pensador romano, Celice, com muita propriedade dizia que "o legislador é muito mais uma testemunha do progresso do que um obreiro que o realiza".

Assim, a reboque das exigências da contemporaneidade, no capítulo destinado ao meio ambiente, como vimos no quadro relativo às disposições constitucionais sobre o meio ambiente, o legislador constituinte determinou ao Poder Público que preserve a diversidade e a integridade do patrimônio genético do país e fiscalize as entidades dedicadas à pesquisa e à manipulação de material genético (art. 225, § 1º, II).

A Lei nº 11.105, de 24 de março de 2005 (Brasil, 2005b), regulamentou essa disposição, estabelecendo normas de segurança e mecanismos de fiscalização sobre a construção, o cultivo, a produção, a manipulação, o transporte, a transferência, a importação, a exportação, o armazenamento, a pesquisa, a comercialização, o consumo, a liberação no meio ambiente e o descarte de organismos geneticamente modificados (OGMs) e seus derivados, tendo como diretrizes o estímulo ao avanço científico na área de biossegurança e biotecnologia, a proteção à vida e à saúde humana, animal e vegetal e a observância do princípio da precaução para a proteção do meio ambiente.

Em 1997, a ONU aprovou a Declaração Universal sobre o Genoma Humano e os Direitos Humanos, a qual prevê que nenhuma pesquisa do genoma humano ou das suas aplicações, em especial nos campos da biologia, da genética e da medicina, deverá prevalecer sobre o respeito aos direitos humanos, às liberdades fundamentais e à dignidade humana de pessoas ou, quando aplicável, de grupos de pessoas (art. 10). A mesma declaração estabelece não ser permitida qualquer prática contrária à dignidade humana, como a clonagem reprodutiva de seres humanos, conclamando os Estados e as organizações internacionais a cooperarem para a identificação dessas práticas e para a implementação de medidas necessárias a assegurar o respeito aos princípios estabelecidos na referida declaração (art. 11).

Direito à autodeterminação informativa

É necessário repetir (até cansativamente): a relação de direitos fundamentais a que aqui estamos nos dedicando não exaure todos os direitos possíveis. Aliás, nossos esforços estiveram sempre voltados a demonstrar que os direitos humanos não têm vocação ao esgotamento.

Assim, deixando portas e janelas abertas à complementação destes estudos, cabe findar este trabalho com uma contribuição individual.

Ocorre que, por ocasião da defesa de dissertação de mestrado[a], tivemos a oportunidade de estudar detidamente a proteção aos dados pessoais. Identificamos que diversos países já despertaram para a necessidade de construir instrumentos jurídicos eficazes a essa proteção e têm leis específicas, e, em alguns casos, até Constituições contam com dispositivos diretamente relacionados à problemática advinda do progresso da tecnologia e dos incontáveis meios através dos quais o indivíduo se vê devassado nas mais íntimas parcelas de sua vida privada. Todavia, nosso país está atrasado e, lamentavelmente, até o momento não segue os melhores caminhos para essa proteção.

Em nome da contribuição individual mencionada anteriormente, queremos propor uma reflexão a respeito desse direito:

Imagine que estamos sendo seguidos por todos os lugares aonde vamos! E que um hipotético, mas esperto, "detetive" esteja fazendo isso não apenas por mera curiosidade, mas para registrar as visitas que fazemos, os lugares onde paramos para contemplar a natureza, a identificação pormenorizada daqueles com quem falamos e o inteiro conteúdo das conversas mantidas. Mais ainda: imagine que, não satisfeito, o intruso se dedicasse a ler

---

a. Ver Futterleib (2001, p. 272-276).

nossa correspondência e a anotar, item por item, os produtos que compramos nos mais diversos estabelecimentos comerciais: magazines, livrarias, farmácias etc.

Não bastasse ainda isso, detenhamo-nos um pouco mais para vislumbrar o que ocorre – ou pode ocorrer! – a partir do momento em que elegemos um determinado produto na prateleira de uma loja, um livro na livraria ou qualquer medicamento na farmácia: primeiramente, um leitor ótico captará a informação de um código de barras e, sem que nos apercebamos, atualizará o estoque, gerará uma ordem de compra, produzirá as estatísticas quanto à comercialização do produto, emitirá faturas. Concomitantemente, o terminal do ponto de venda poderá comunicar-se com o computador do administrador do cartão de crédito utilizado, obterá conformidade e disporá o débito em nossa conta e o crédito na conta do comerciante. É provável, ainda, que o banco desconte o saldo devedor correspondente à compra das nossas contas correntes, nas quais, seguramente, estão registradas muitas informações que nunca passaram fisicamente por nossas mãos (saldos, transferências etc.).

Estamos falando de informações. De informações sobre nossa vida, sobre o que fazemos e gostamos. Estamos falando da possibilidade concreta de termos nossa vida devassada por meio da coleta dos dados pessoais que não fornecemos espontaneamente à curiosidade alheia.

Em um primeiro momento, referíamo-nos ao que poderíamos denominar "perseguição telemática", levada a efeito mediante as técnicas de interceptação dos dados que transitam por fios, cabos óticos ou que são transmitidos via satélite artificial (redes de computadores). Depois, apenas fizemos descrever o processo, para nós invisível, por meio do qual se desenvolvem as transações eletrônicas (automação comercial).

É importante que tenhamos consciência de que, seja qual for o inteiro conteúdo e alcance que tivermos das expressões "intimidade" e "privacidade", não se adequarão os conceitos às possibilidades nada remotas que descrevemos nesta proposta de reflexão.

Como é fácil perceber, o cruzamento desses dados originados tanto daquelas relações de consumo como da "perseguição telemática" descrita possibilita inferências acerca da pessoa e intromissões em sua vida privada pela obtenção, tratamento e disseminação de informações que talvez não convenham ser reveladas.

A compilação de dados pessoais poderá levar à obtenção de informações que contêm intimidades ou formam parte da vida privada. Quanto a isso, é bom que se tenha em mente sempre que *pessoal* tende a ser confundido com *privado*, eis que tais termos costumam ser utilizados como sinônimos na linguagem corrente. Não obstante, para a matéria da qual estamos nos ocupando, o dado pessoal não é necessariamente aquele que traduza informação secreta ou privada, mas o que possa ligar-se direta ou indiretamente a um indivíduo identificado ou identificável.

Nas palavras de Jacques Fauvet, citado por Alende (1992, p. 73), proferidas em conferência na Faculdad de Derecho y Ciencias Sociales de la Universidad Nacional de Buenos Aires, em 6 de maio de 1987, "a informática é um poder que dá ainda mais poder a quem a domina". Sabedores todos nós de que a história é pródiga em relatar casos em que os totalitarismos das mais variadas ideologias utilizaram a informação como fonte de poder, percebamos que a acumulação de dados pessoais em grandes bancos de dados informatizados traz atrelada a si uma dupla consequência: cria outra espécie de desigualdade entre as pessoas, materializada pela diferença de acesso a esses dados e, portanto, à informação, além, obviamente, de ameaçar o direito à intimidade e à vida privada.

O crucial é, agora e sempre, que se conceba o direito, seus ditames, dogmas e enunciados, desde o prisma dinâmico da sociedade, na medida em que a ordem jurídica só se revitaliza quando se deixa permear pela seiva do húmus social. Decorrência imediata dessa perspectiva é a reformulação de conceitos, a releitura das definições e das disposições normativas pela via da interpretação. Vale dizer, então, que a intimidade e a vida privada não mais cabem em seus primitivos conceitos, tampouco se realizam como direitos fundamentais se apenas o Estado, ou os particulares, abstém-se de intervir na esfera individual. Da mesma forma, nenhum daqueles direitos tem força suficiente para opor-se irresistivelmente às necessidades atuais da Administração Pública. O que se busca é a composição de interesses às vezes colidentes.

Assim, embora alguns autores enunciem como direito autônomo o direito à proteção de dados pessoas diante dos processos de informatização, temos opção diferente. Parece-nos que o direito à autodeterminação informativa – ou liberdade informática, como há quem o denomine –, se for percebido como uma concreção específica do direito à intimidade e à vida privada, consegue aprofundar mais suas raízes no *substratum* que lhe é mais digno: o princípio-valor da dignidade da pessoa humana.

Entendemos que, se autônomo, independentizado da proteção à intimidade e à vida privada, o direito à autodeterminação informativa assume feições patrimonialistas e isso não permite de maneira ampla que se alcance à pessoa o controle das informações que concernem à sua individualidade.

Todavia, e aí vai aquilo com o que mais concretamente pretendemos contribuir a uma nova abordagem, não se conseguirá com êxito manter a autodeterminação informativa ali onde está – adstrita ao direito fundamental à intimidade e à vida privada – sem revisitar antigas definições, atribuindo-se às liberdades públicas clássicas (intimidade e vida privada) um conteúdo positivo que não lhes é originalmente característico. Trata-se de conferir à pessoa um poder de controlar os próprios dados, associando esse poder à tradicional ideia do "ser deixado só".

Não que exista algo de essencialmente novo na hipótese: trata-se, apenas, de (re)interpretar a norma para bem adequar a lei aos dias de sua aplicação.

Como direito fundamental de terceira dimensão, sim, mas correlacionada ao direito à intimidade e à vida privada, a autodeterminação informativa impõe ao Poder Público a providência de prover os meios necessários ao exercício efetivo do poder de controlar os próprios dados (conteúdo positivo, como direito a prestações) e mantém uma eficácia vertical (que se pode opor contra o Estado) e uma eficácia horizontal (que se pode opor às pessoas), como direito a impedir a intromissão alheia em uma esfera da vida das pessoas na qual não são acolhidos aqueles que para ali não tiverem sido trazidos pelo exercício livre da autonomia pessoal.

Atividades

1. Em relação à evolução dos direitos humanos, é possível identificar que:
   a. se os direitos de primeira dimensão se correlacionam mais diretamente à liberdade, os de segunda estão mais atrelados à igualdade e, até aqui, os de terceira são os chamados *direitos de fraternidade ou solidariedade*; e isso tem tudo a ver com os princípios da Revolução Francesa.
   b. os direitos humanos de primeira dimensão protegem o indivíduo, os de segunda protegem a sociedade e os de terceira voltam-se a proteger a própria raça humana, independentemente de fronteiras ou países.

c. os direitos de terceira e quarta dimensão apontam para a necessidade de uma regulamentação universal.
d. As alternativas "a", "b" e "c" estão corretas.
e. Nenhuma alternativa está correta.

2. Dada a importância que têm as questões ambientais no mundo atual, considere as assertivas a seguir:

I. A Constituição Federal reservou unicamente à União o dever de preservar o meio ambiente.
II. O uso adequado dos recursos naturais é condição para o cumprimento da função social da propriedade rural.
III. Toda atividade econômica que explorar recursos ambientais fica obrigada a implementar técnicas e condições para sua recuperação.

Indique a melhor resposta:
a. Apenas o item II está correto.
b. Os itens I e II estão corretos.
c. Os itens I, II e III estão corretos.
d. Apenas o item I está incorreto.
e. Os itens I, II e III estão incorretos.

3. Identifique a opção que contém apenas direitos humanos de terceira e quarta dimensão:
a. Direito à propriedade, direito à liberdade de locomoção e direito a um meio ambiente equilibrado.
b. Direito de greve, direito de sindicalização, direito de livre expressão do pensamento.
c. Direito à paz, direito a um meio ambiente sadio e equilibrado e direito à autodeterminação informativa.
d. Direito à autodeterminação dos povos e direito à igualdade de tratamento.
e. Nenhuma alternativa está correta.

Considerações finais

Aqui vamos nós a uma última reflexão. E a ideia é fazer isso a partir da pergunta que costuma ser preambular no estudo do direito constitucional: Afinal, o que é – ou qual é – a verdadeira essência de uma Constituição?

Nas abordagens iniciais desta disciplina, dissemos, num esforço de síntese, que Constituição é a "organização fundamental do Estado", lembra?

Ok, tudo certo até aqui. Todavia, não obstante aquela definição primeira ser suficiente a que entendamos os propósitos primordiais de uma Constituição, parece-nos que ela não bastaria para que desvendássemos em sua maior plenitude o quão fundamental é essa "Lei Fundamental" e o que preexiste a ela e dela provém.

Assim, com a pretensão de instigar o estudante a indagar além daquilo que vê, materialmente, em uma Constituição, é que nos colocamos diante do desafio destas considerações finais... as quais, ao invés de serem um ponto final, almejam ser um ponto de partida...

Duas correntes de pensamento muito significativas para o estudo da essência da Constituição nos servirão de base a partir daqui.

Primeiramente, Iacyr Vieira[a] revela que coube a Ferdinand Lassale, um precursor da sociologia jurídica, o mérito de lançar as bases de uma análise sociológica da Constituição e distinguir as Constituições reais das Constituições escritas. Em 16 de abril de 1862, Lassale proferiu uma famosa conferência durante a qual defendeu a ideia de que a Constituição de um Estado traduz-se unicamente pelos "fatores reais de poder". Ou seja, que as diversas manifestações de poder na sociedade seriam efetivamente a Constituição real, sendo a Constituição escrita tão somente um "pedaço de papel".

Konrad Hesse apresentou o contraponto a Ferdinand Lassalle e, tornando relativas as conclusões do predecessor, apontou o caráter normativo da Constituição. Há quem reconheça que, de certa maneira, Hesse completou o pensamento de Ferdinand Lassale.

É que, diferentemente do que ocorre com outras normas jurídicas, não há garantia externa ao cumprimento das

---

a. Vieira (1998).

normas constitucionais, sendo, então, a sua própria força normativa essencial à eficácia de seus preceitos. Vale dizer assim: a Constituição, como Lei Maior, hierarquicamente superior a todas as demais, empresta validade e força às outras normas do ordenamento jurídico. Ela mesma, no entanto, como não tem outras normas que lhe sejam superiores, há que se valer da própria força normativa de que dispõe.

Foi assim que Hesse contrapôs Lassalle quando este último proclamou que a verdadeira Constituição de um país reflete tão somente os fatores reais e efetivos de poder vigentes, inexistindo a norma constitucional de maneira autônoma diante da realidade. Para Konrad Hesse, a essência da Constituição reside em sua vigência, uma vez que as normas constitucionais pretendem concretizar-se na realidade, configurando-se a Constituição como um "dever-ser".

Logo, mais do que reflexo puro e simples dos fatos e forças sociais e políticas, a Constituição pretende configurar a vida social e política. Ela é determinada pela sociedade, mas é também determinante em relação a ela.

Contrário a Lassale, Hesse apõe que a Constituição não é meramente "um simples pedaço de papel", expressão cunhada pelo primeiro. Sem estar separada da realidade histórica, ela não é, necessariamente, algo atrelado e condicionado aos fatos; tampouco há de ser tida como a "parte mais fraca" na hipótese de conflito.

Atendidos determinados pressupostos, pode-se assegurar a força normativa da Constituição. E, apenas nas circunstâncias em que esses pressupostos não se realizarem, as questões (jurídicas) constitucionais se transformarão em questões de poder.

A base primeira desses pressupostos é existir a "vontade de Constituição", ou seja, a vontade de cumpri-la e de conformar a realidade às normas constitucionais.

Essa vontade decorre de três fatores, a saber:

1. consciência quanto à necessidade da Constituição e quanto ao valor de existir uma ordem objetiva e normativa que impeça o arbítrio;
2. tal convicção precisa ser mais do que meramente legitimada pelos fatos, há que estar em constante processo de legitimação;
3. consciência de que essa ordem constituída não será eficaz se não concorrer a seu favor a vontade humana – de todos os que participam da vida constitucional.

Com essas bases, a Constituição vai além de ser mera fotografia da realidade social para almejar o intento de tornar-se um "DEVER-SER", um horizonte no qual prevalecem na maior medida possível a justiça social e os ideais democráticos.

A Constituição, tomada desde esse prisma, não é algo pronto, mas a realizar-se. Todavia, eis que norma jurídica impositiva, não pode ser tomada como algo à mercê de vontades políticas sazonais. Entendemos que é se tornando presente na consciência do povo e dos mandatários do poder que a Constituição se torna força ativa. Para tanto, a "vontade de Constituição" há de sobrelevar a vontade de poder. E isso só ocorrerá quando a Constituição existir nas consciências todas.

Por isso, encerramos esta obra buscando desvelar a essência normativa da Constituição e apregoando que tenhamos todos "vontade de Constituição".

Adote uma Constituição!

Isso mesmo! Adote a sua Constituição, a Lei Maior do seu país. Conheça-a! Faça mais do que isso: qualquer que seja seu curso, seus afazeres, sua vocação, volte-se a difundir nossa Constituição.

Assuma também para si o mister de tornar os brasileiros cada vez mais cientes dos diretos e deveres da cidadania.

Estejamos mais preparados para discutir nossa Constituição, para perceber o que nela existe de melhor e de pior.

Você já pensou o quanto melhor estaríamos se todos os brasileiros soubessem o que lhes reserva a Lei em termos de direitos? Já imaginou que, se tivéssemos "vontade de Constituição", não estaríamos sempre tão vulneráveis à má política?

Ok! Não há ingenuidade nessa proposta: sabemos que nem todos nem tudo está preparado para uma mudança de mentalidade. Há gerações inteiras de brasileiros pouco acostumados à participação política, governantes e governados historicamente inexperientes no quanto se refira à realidade de um número maior de pessoas que sabem seus direitos e os exigem.

Mas há que se começar, certo? Entendemos que as salas de aula compõem um cenário primoroso para esse início.

Que tal?

ADOTE UMA CONSTITUIÇÃO: A SUA!

Referências

A SANTA SÉ. *Constituição pastoral Gaudium et spes sobre a Igreja no mundo actual.* Disponível em: <http://www.vatican.va/archive/hist_councils/ii_vatican_council/documents/vat-ii_const_19651207_gaudium-et-spes_po.html>. Acesso em: 21 jul. 2008.

ALENDE, J. O. Informática: el abuso de su poder. In: CONGRESO IBEROAMERICANO DE INFORMÁTICA Y DERECHO, 3., 1992, Merida, España. *Acta...* Merida, España: Uned, 1992.

ALEXY, R. *Concepto y validez del derecho.* Barcelona: Gedisa, 1997a.

_____. *Teoria de los derechos fundamentales.* Madrid: Centro de Estudios Constitucionales, 1997b.

ANDRADE, J. C. V. de. *Os direitos fundamentais na Constituição portuguesa de 1976.* Coimbra: Almedina, 1987.

ARAÚJO, L. A. D.; NUNES JÚNIOR, V. S. *Curso de direito constitucional.* Saraiva: São Paulo, 2004.

BASTOS, C. R. *Curso de direito constitucional.* São Paulo: Saraiva, 2000.

BENDA, E. et al. *Manual de derecho constitucional.* Madrid: Marcial Pons, 1996.

BITTAR, C. *Os direitos da personalidade.* 7. ed. rev. e atual. Rio de Janeiro: Forense Universitária, 2004.

BOBBIO, N. *A era dos direitos.* Rio de Janeiro: Campus, 2004.

BONAVIDES, Paulo. *Curso de direito constitucional.* São Paulo: Malheiros Editores, 2006.

BRASIL. Constituição (1824). *Coleção de Leis do Império do Brazil*, Rio de Janeiro, 22 abr. 1824. Disponível em: <http://www.planalto.gov.br/ccivil_03/constituicao/constituicao24.htm>. Acesso em: 16 maio 2012.

BRASIL. Constituição da República Federativa do Brasil de 1988. *Diário Oficial da União*, Brasília, DF, 05 out. 1988. Disponível em: <http://www.planalto.gov.br/ccivil_03/Constituicao/Constituiçao.htm>. Acesso em: 11 jul. 2008.

BRASIL. Decreto-Lei n. 2.848, de 7 de dezembro de 1940. *Diário Oficial da União*, Brasília, DF, 21 dez. 1940. Disponível em: <http://www.planalto.gov.br/ccivil_03/Decreto-Lei/Del2848.htm>. Acesso em: 11 jul. 2008.

_____. Decreto-Lei n. 5.452, de 1º de maio de 1943. *Diário Oficial da União*, Brasília, DF, 9 ago. 1943. Disponível em: <http://www.planalto.gov.br/ccivil_03/Decreto-Lei/Del5452.htm>. Acesso em: 21 jul. 2008.

_____. Emenda Constitucional n. 20, de 15 de dezembro de 1998a. *Diário Oficial da União*, Brasília, DF, 16 dez. 1998. Disponível em: <http://www.planalto.gov.br/ccivil_03/Constituicao/Emendas/Emcemc20.htm>. Acesso em: 11 jul. 2008.

_____. Emenda Constitucional n. 47, de 5 de julho de 2005. *Diário Oficial da União*, Brasília, DF, 6 jul. 2005a. Disponível em: <http://www.planalto.gov.br/ccivil_03/Constituicao/Emendas/Emc/emc47.htm>. Acesso em: 11 jul. 2008.

_____. Lei n. 4.090, de 13 de julho de 1962. *Diário Oficial da União*, Brasília, DF, 26 jul. 1962. Disponível em: <https://www.planalto.gov.br/ccivil_03/leis/l4090.htm>. Acesso em: 16 maio 2012

_____. Lei n. 4.266, de 3 de outubro de 1963. *Diário Oficial da União*, Brasília, DF, 8 out. 1963. Disponível em: <http://www.planalto.gov.br/ccivil_03/Leis/L4266.htm>. Acesso em: 11 jul. 2008.

_____. Lei n. 4.717, de 29 de junho de 1965. *Diário Oficial da União*, Brasília, DF, 7 jul. 1965a. Disponível em: <https://www.planalto.gov.br/ccivil_03/leis/l4717.htm>. Acesso em: 11 jul. 2008.

_____. Lei n. 4.923, de 23 de dezembro de 1965. *Diário Oficial da União*, Brasília, DF, 29 dez. 1965b. Disponível em: <http://www.planalto.gov.br/ccivil_03/Leis/L4923.htm>. Acesso em: 11 jul. 2008.

_____. Lei n. 7.783, de 28 de junho de 1989. *Diário Oficial da União*, Brasília, DF, 29 jun. 1989. Disponível em: <http://www6.senado.gov.br/legislacao/ListaPublicacoes.action?id=102410&tipoDocumento=LEI&tipoTexto=PUB>. Acesso em: 16 maio 2012.

BRASIL. Lei n. 7.998, de 11 de janeiro de 1990. *Diário Oficial da União*, Brasília, DF, 12 jan. 1990a. Disponível em: <http://www.planalto.gov.br/ccivil_03/Leis/L7998.htm>. Acesso em: 11 jul. 2008.

_____. Lei n. 8.036, de 11 de maio de 1990. *Diário Oficial da União*, Brasília, DF, 14 maio 1990b. Disponível em: <http://www.planalto.gov.br/ccivil_03/Leis/L8036consol.htm>. Acesso em: 11 jul. 2008.

_____. Lei n. 8.080, de 19 de setembro de 1990. *Diário Oficial da União*, Brasília, DF, 20 set. 1990c. Disponível em: <http://www.planalto.gov.br/ccivil_03/Leis/L8080.htm>. Acesso em: 21 jul. 2008.

_____. Lei n. 8.212, de 24 de julho de 1991. *Diário Oficial da União*, Brasília, DF, 25 jul. 1991a. Disponível em: <http://www.planalto.gov.br/ccivil_03/Leis/L8212cons.htm>. Acesso em: 11 jul. 2008.

_____. Lei n. 8.213, de 24 de julho de 1991. *Diário Oficial da União*, Brasília, DF, 27 jul. 1991b. Disponível em: <http://www.planalto.gov.br/ccivil_03/Leis/L8213cons.htm>. Acesso em: 21 jul. 2008.

_____. Lei n. 8.239, de 4 de outubro de 1991. *Diário Oficial da União*, Brasília, DF, 7 out. 1991c. Disponível em: <http://www6.senado.gov.br/legislacao/ListaPublicacoes.action?id=135421&tipoDocumento=LEI&tipoTexto=PUB>. Acesso em: 15 maio 2012.

_____. Lei n. 8.742, de 7 de dezembro de 1993. *Diário Oficial da União*, Brasília, DF, 8 dez. 1993. Disponível em: <http://www.planalto.gov.br/ccivil_03/Leis/L8742.htm>. Acesso em: 21 jul. 2008.

_____. Lei n. 9.491, de 9 de setembro de 1997. *Diário Oficial da União*, Brasília, DF, 10 set. 1997. Disponível em: <http://www6.senado.gov.br/legislacao/ListaPublicacoes.action?id=146871&tipoDocumento=LEI&tipoTexto=PUB>. Acesso em: 18 maio 2012.

_____. Lei n. 10.101, de 19 de dezembro de 2000. *Diário Oficial da União*, Brasília, DF, 20 dez. 2000. Disponível em: <http://www.planalto.gov.br/ccivil_03/Leis/L10101.htm>. Acesso em: 11 jul. 2008.

_____. Lei n. 10.406, de 10 de janeiro de 2002. *Diário Oficial da União*, Brasília, DF, 11 jan. 2002a. Disponível em: <http://www.planalto.gov.br/ccivil_03/LEIS/2002/L10406.htm>. Acesso em: 18 jul. 2008.

_____. Lei n. 10.608, de 20 de dezembro de 2002. *Diário Oficial da União*, Brasília, DF, 23 jan. 2002b. Disponível em: <http://www6.senado.gov.br/legislacao/ListaPublicacoes.action?id=236133&tipoDocumento=LEI&tipoTexto=PUB>. Acesso em: 16 maio 2012.

BRASIL. Lei n. 11.105, de 24 de março de 2005. *Diário Oficial da União*, Brasília, DF, 28 mar. 2005a. Disponível em: <http://www.planalto.gov.br/ccivil_03/_Ato2004-2006/2005/Lei/L11105.htm>. Acesso em: 21 jul. 2008.

BRASIL. Supremo Tribunal Federal. Mandado de Segurança n. 22164-0/SP, de 30 de outubro de 1995. *Diário de Justiça*, Brasília, 17 nov. 1995. Disponível em: <http://www.stf.gov.br/portal/jurisprudencia/listarJurisprudencia.asp?s1=Mandado%20de%20Segurança(22164.NUME.%20OU%2022164.ACMS.)&base=baseAcordaos>. Acesso em: 21 jul. 2008.

BRASIL. Tribunal Superior do Trabalho. Precedente Normativo n. 119, de 2 de junho de 1998. *Diário de Justiça*, Brasília, 20 out. 1998b. Disponível em: <http://www.tst.jus.br>. Acesso em: 21 jul. 2008.

CANOTILHO, J. J. G. *Direito constitucional e teoria da Constituição*. Coimbra: Almedina, 1995.

_____, _____. Coimbra: Almedina, 1998.

_____, _____. 5. ed. Coimbra: Almedina, 2002.

CAVEDON, F. de S. *Função social e ambiental da propriedade*. Florianópolis: Visual Books; Momento Atual, 2003.

CRETELLA JÚNIOR, J. *Filosofia do direito*. Rio de Janeiro: Forense, 1979.

DECLARAÇÃO dos direitos do homem e do cidadão de 1789. Disponível em: <http://pfdc.pgr.mpf.gov.br/atuacao-e-conteudos-de-apoio/legislacao/direitos-humanos/declar_dir_homem_cidadao.pd>. Acesso em: 15 maio 2012.

DOTTI, R. A. *Proteção da vida privada e liberdade de informação*. São Paulo: RT, 1990.

DWORKIN, R. *Los Derechos em serio*. Barcelona: Ariel, 1997.

_____. *O império do direito*. São Paulo: Martins Fontes, 1999.

FARIAS, E. P. de. *A colisão de direitos*: a honra, a intimidade, a vida privada e a imagem versus a liberdade e expressão de informação. Porto Alegre: Sérgio Antonio Fabris, 1996.

FERRAZ JÚNIOR, T. S. *Sigilo de dados*: o direito à privacidade e os limites à função fiscalizadora. São Paulo: RT, 1992. (Cadernos de Direito Constitucional e Ciência Política, v. 1).

FERRAZ JÚNIOR, T. S.; DINIZ, M. H.; GEORGAKILAS, R. A. S. *Constituição de 1988*: legitimidade, vigência e eficácia, supremacia. São Paulo: Atlas, 1989.

FERREIRA FILHO, M. G. *Comentários à Constituição Brasileira de 1988*: arts. 1º a 103. 2. ed. São Paulo: Saraiva, 1997. v. 1.

_____. *Curso de direito constitucional*. 31. ed. São Paulo: Saraiva, 2005.

FRANÇA. *Declaração dos direitos do homem e do cidadão*. 1789. Disponível em: <http://www.direitoshumanos.usp.br/counter/Doc_Histo/texto/Direitos_homem_cidad.html>. Acesso em: 18 ago. 2008.

FRIEDE, R. *Curso analítico de direito constitucional e de teoria geral do Estado*. 4. ed. Rio de Janeiro: Forense, 2005.

FUTTERLEIB, L. L. *Direitos fundamentais e autodeterminação informativa no direito constitucional brasileiro*. 2001. 299 f. Dissertação (Mestrado em Direito) – Pontifícia Universidade Católica do Rio Grande do Sul, Porto Alegre, 2001.

GALBRAITH, J. K. *Anatomia do poder*. São Paulo: Pioneira, 1994.

GIRARDI, L. J. *Curso elementar de direito romano*. Porto Alegre: Acadêmica, 1997.

GUERRA FILHO, W. S. Direitos fundamentais, processo e princípio da proporcionalidade. In: GUERRA FILHO, W. S. (Coord.). *Dos direitos humanos aos direitos fundamentais*. Porto Alegre: Livraria do Advogado, 1997. p. 11-29.

JESUS, D. E. de. *Direito penal*: parte geral. São Paulo: Saraiva 2001. v. 1.

JIMÉNEZ, E. S. Los derechos humanos de la tercera generación: liberdad informática. In: CONGRESO IBEROAMERICANO DE INFORMÁTICA Y DERECHO, 3., 1992, Merida, Espanha. *Acta...* Merida, Espanha: UNED, 1992.

JOLIVET, R. *Curso de filosofia*. 10. ed. Rio de Janeiro: Agir, 1970.

KANT, I. *Fundamentação metafísica dos costumes*. Coimbra: Atlântida, 1960.

KRELL, A. Controle judicial dos serviços públicos básicos na base dos direitos fundamentais sociais. In: SARLET, I. W. *Constituição concretizada*: construindo pontes com o público e o privado. Porto Alegre: Livraria do Advogado, 2000. p. 25-60.

LEITE, C. H. B. A greve do servidor público civil e os direitos humanos. *Revista Jurídica Virtual*, Brasília, v. 3, n. 34, mar. 2002. Disponível em: <http://www.planalto.gov.br/ccivil_03/revista/Rev_34/Rev34.htm>. Acesso em: 15 jul. 2008.

LOEWENSTEIN, K. *Political Power and the Governmental Process*. Chicago: University of Chicago Press, 1957.

MARQUES, E. Considerações sobre princípios, pós-positivismo e Constituição de 1988. *Revista Jurídica da FAMINAS*, v. 1, n. 1, 2005. Disponível em: <http://www.faminas.edu.br/muriae/editora/RJv1n1/consideracoes_v1n1.pdf>. Acesso em: 13 fev. 2008.

MARTÍNEZ, M. A. A. *La dignidad de la persona como fundamento del ordenamiento constitucional español*. León, Espanha: Universidad de León, 1996.

MELLO, C. A. B. de. *Elementos de direito administrativo*. São Paulo: RT, 1980.

MIRANDA, J. *Manual de direito constitucional*. 2. ed. Coimbra: Coimbra, 1993. v. 4.

_____, _____. 4. ed. Coimbra: Coimbra, 1990. v. 2.

MORAES, A. *Curso de direito constitucional*. São Paulo: Atlas, 2003.

NASCIMENTO, T. M. C. do. *Comentários à Constituição Federal*: princípios fundamentais – arts. 1º a 4º. Porto Alegre: Livraria do Advogado, 1997.

NÓBREGA, V. L. da. *História e sistema do direito privado romano*. 3. ed. Rio de Janeiro: Freitas Bastos, 1961.

ONU - ORGANIZAÇÃO DAS NAÇÕES UNIDAS. Declaração sobre a Concessão da Independência aos Países e Povos Coloniais. Resolução n. 1514 (XV), de 14 de dezembro de 1960. *Assembleia Geral*, Nova Iorque, 14 dez. 1960. Disponível em: <http://www.direitoshumanos.usp.br/counter/Onu/Bem_estar_desen_soc/texto/texto_1.html>. Acesso em: 14 jul. 2008.

_____. Declaração sobre o Direito ao Desenvolvimento. Resolução n. 41/128, de 4 de dezembro de 1986. *Assembleia Geral*, Nova Iorque, 4 dez. 1986. Disponível em: <http://www.direitoshumanos.usp.br/counter/Onu/Desenvolvimento/texto/texto_3.html>. Acesso em: 14 jul. 2008.

_____. Declaração sobre uma Cultura da paz. Resolução n. 53/243, de 6 de outubro de 1999. *Assembleia Geral*, Nova Iorque, 6 out. 1999. Disponível em: <http://www.dgidc.min-edu.pt/inovbasic/rec/dudh/documentos/declaracao-paz.pdf>.Acesso em: 14 jul. 2008.

_____. Declaração Universal dos Direitos Humanos. Resolução n. 217 A (III), de 10 de dezembro de 1948. *Assembleia Geral*, Nova Iorque, 10 dez. 1948. Disponível em: <http://www.onu-brasil.org.br/documentos_direitoshumanos.php>. Acesso em: 27 ago. 2008.

ORGANIZAÇÃO DAS NAÇÕES UNIDAS PARA A EDUCAÇÃO, A CIÊNCIA E A CULTURA. Declaração Universal sobre o Genoma Humano e os Direitos Humanos. In: CONFERÊNCIA GERAL, 29., 1997, Paris. Unesco: Paris. Disponível em: <http://www.direitoshumanos.usp.br/counter/Unesco/texto/genoma.html>. Acesso em: 14 jul. 2008.

PEREZ, J. G. *La dignidad de la persona*. Madrid: Editorial Civitas, 1986.

PÉREZ LUÑO, A. E. *Derechos Humanos, Estado de Derecho y Constitución*. 5. ed. Madrid: Tecnos, 1995.

PINHEIRO, M. C. B. *A Constituição de Weimar e os direitos fundamentais sociais*: a preponderância da Constituição da República Alemã de 1919 na inauguração do constitucionalismo social, à luz da Constituição mexicana de 1917. Disponível em: <http://jus2.uol.com.br/doutrina/texto.asp?id=9014>. Acesso em: 9 fev. 2008.

RAWLS, J. *A Theory of Justice*. Cambridge: Harvard University Press, 2005.

REALE, M. *Filosofia do direito*. 12. ed. São Paulo: Saraiva, 1987.

_____. *Teoria do direito e do Estado*. 2. ed. São Paulo: M. Fontes, 1960.

ROCUTS, A. *Derechos de tercera generacion*. Disponível em: <http://portalsostenibilidad.upc.edu/detall_01.php?numapartat=4&id=205>. Acesso em: 2 fev. 2008.

RUIZ, B. R. R. *El secreto de las comunicaciones*: tecnología e intimidad. Madrid: McGraw-Hill, 1998.

SANTOS, F. F. dos. *Princípio constitucional da dignidade da pessoa humana*. Fortaleza: Celso Bastos, 1999.

SARLET, I. W. *A eficácia dos direitos fundamentais*. Porto Alegre: Livraria do Advogado, 1998.

_____. *Dignidade da pessoa humana e direitos fundamentais na Constituição Federal de 1988*. Porto Alegre: Livraria do Advogado, 2001.

SILVA, J. A. da. *Curso de direito constitucional positivo*. 25. ed. São Paulo: Malheiros, 2005.

SILVA, P. N. N. da. *Curso de direito constitucional*. Rio de Janeiro: Forense, 2003.

SLAIBI FILHO, N. *Direito constitucional*. Rio de Janeiro: Forense, 2004.

VARELA, A. *Noções fundamentais de direito civil*. Coimbra: Coimbra, 1945. v. 1.

VENOSA, S. de S. *Direito civil*: direito das sucessões. 3. ed. São Paulo: Atlas, 2003.

VIDAL NETO, P. *Estado de direito, direitos individuais e direitos sociais*. São Paulo: LTr, 1979.

VIEIRA, I. de A. A essência da constituição no pensamento de Lassalle e de Konrad Hesse. *Revista de Informação Legislativa*, Brasília, ano 35, n. 139, jul./set. 1998. Disponível em: <http://www.senado.gov.br/web/cegraf/ril/Pdf/pdf_139/r139-05.pdf>. Acesso em: 17 fev. 2008

WEBER, M. *Economia e sociedade*. Brasília: UnB, 1991. v. 1.

_____. *Ensaios de sociologia*. 2. ed. Rio de Janeiro: Zahar, 1971.

ZERO HORA. Porto Alegre, 19 dez. 2007. Almanaque Gaúcho.

Gabarito

Capítulo 1
1. d
2. b
3. c
4. e
5. d

Capítulo 2
1. e
2. c
3. c

Capítulo 3
1. e
2. c
3. a
4. c

Capítulo 4
1. b
2. b
3. b
4. c
5. d

Capítulo 5
1. e
2. d
3. a

Capítulo 6
1. d
2. c
3. e

Capítulo 7
1. a
2. e
3. a

Capítulo 8
1. b
2. e
3. a

Capítulo 9
1. d
2. d
3. c

Os papéis utilizados neste livro, certificados por instituições ambientais competentes, são recicláveis, provenientes de fontes renováveis e, portanto, um meio sustentável e natural de informação e conhecimento.

FSC
www.fsc.org
MISTO
Papel produzido
a partir de
fontes responsáveis
FSC® C057341

Impressão: Log&Print Gráfica e Logística S.A.
Julho/2022